裂变式创业
无边界组织的失控实践

宗毅 小泽◎著

机械工业出版社
CHINA MACHINE PRESS

图书在版编目（CIP）数据

裂变式创业：无边界组织的失控实践／宗毅，小泽著．
—北京：机械工业出版社，2015.12（2025.8 重印）
ISBN 978－7－111－51989－8

Ⅰ.①裂…　Ⅱ.①宗…②小…　Ⅲ.①企业管理
Ⅳ.①F270

中国版本图书馆 CIP 数据核字（2015）第 253090 号

机械工业出版社（北京市百万庄大街 22 号　邮政编码 100037）
策划编辑：郝　静　　责任编辑：郝　静　王文彬
责任校对：舒　莹　　责任印制：张　博
北京铭成印刷有限公司印刷
2025 年 8 月第 1 版 · 第 31 次印刷
170mm×230mm · 13 印张 · 1 插页 · 128 千字
标准书号：ISBN 978－7－111－51989－8
定价：58.00 元

电话服务	网络服务
客服电话：010－88361066	机　工　官　网：www.cmpbook.com
010－88379833	机　工　官　博：weibo.com/cmp1952
010－68326294	金　书　网：www.golden-book.com
封底无防伪标均为盗版	机工教育服务网：www.cmpedu.com

推荐序一

对新鲜事物的好奇心,是此生最好的投资

李善友

宗毅可以说是我的老师,因为他教给我一句话,我把它作为自己前行的动力,而且几乎在每次讲课都要用它作为结尾:"对新鲜事物的好奇心,是此生最好的投资。"在我近距离观察宗毅的四年时间里,我发现他不仅这么说,也的确是这么做的。

宗毅是个很奇怪的人,不是特别按常理出牌。在我所教过的创业营的同学里,尤其是在传统行业的同学中,他几乎是最疯狂地拥抱互联网的人,疯狂到近乎极端。

2012年,在"互联网思维"这个词还没有成为显学的时候,在创业营第一期探索式教学的过程中,我们已经开始对这个现象倾注了极大的热情。在几乎每个人试探着讨论的时

候，不经意间，宗毅已经开始行动了，他用裂变式创业的方式疯狂而坚决地切入到互联网转型之中。他邀请大家去观摩他的内部创业大赛，同时巧妙地把同学作为评委，让外界的力量感染和刺激内部员工的激情。在一期毕业典礼上，他的毕业演讲得了第一名，我看到作为评委的周鸿祎在宗毅演讲结束之后兴奋地冲上去跟他交流。迄今为止，芬尼的互联网转型案例依旧是行业经典案例，你可能学不了，但是这视角太有冲击力了。

2013年，"互联网思维"这个词已经开始火起来，在当年年底招收创业营第三期学生的时候，许多互联网思维的代表人物都已经入营了，我们也用了互联网的方式做了一次非常有趣的网络传播，创业营本身也开始火爆起来。宗毅立即闻到了不同的味道，立即跟这些人打得火热，多次跟罗振宇交流沟通，令人完全意想不到的是，他居然自掏腰包，自组团队，帮助特斯拉打通南北充电之路。我清楚地记得，一个教授听了宗毅的故事后，立即吐出一句话：他脑子坏掉了。宗毅有情怀，但他更是一个精明的商人。宗毅、芬尼的名字迅速跟当时势能极高的特斯拉联系在一起，看似无关，其实短期之内就成为一个全国性新兴的品牌现象。

今天，"怀着私心做公益"，互联网大篷车演讲已经成为宗毅个人情怀和芬尼品牌的新载体。我不知道它会是什么，我也不知道这个对他的企业是否有直接帮助，我甚至不知道这是否会影响他聚焦专注在公司产品上，但互联网思维的一个重大特征就是不可知性，只要他这么玩下去，谁知道他会玩出什么东西呢？你看，这本书不就玩出来了嘛！

我总是对宗毅说，你应该做一件"大事"。但这个大事是什么，我不知道，宗毅自己也未必清晰。但我逐渐意识到，创业的本质驱动力，以及创业的终极目的，是创业者本人的生命状态。从宗毅身上，从这本书里，我完全感受到了他勃发的、年轻的、萌萌的生命力。对于这样的宗毅，谁还能限定他的未来呢？

推荐序二

谁将成为新一代的互联网颠覆者？

傅 盛

我一直相信互联网颠覆的不仅仅是商业模式，也将颠覆企业自己的组织形式。我也经常和我同事说，一家公司绝不仅仅是把产品放在网上就成为互联网公司，而是应该把互联网的平等、自由、开放、分享融入自己公司的文化。可惜，我也就是说说而已。

对于产品互联网化，我是坚定的实践者。对于组织体系的互联网化，我一直以业务为先做借口不敢大刀阔斧。之所以如此，根本的原因还是原有的组织体系运转得不错，我已然成为既得利益者，一旦改变，恐惧便不请自来。

所以，当我第一次听说宗毅打通特斯拉南北充电之路时，就觉得这是一个神人，敬仰无比。玩着就把事情干了，还打造了自我的品牌，这真是互联网组织化最好的实践，比只会动动口头的我，强太多。

后来，有幸见了这个神人，听了他更多的裂变创业理论并且得知他正在全力实践，我就不仅仅是敬仰了，突然发现一个残酷的事实摆在了我的面前：互联网产品只是互联网的先机，而互联网的组织模式才是根基，这个根基，居然被新来者直接切入了。

由此，我又认识到了更残酷的现实：过去十多年，我们这帮起点很低的互联网创业者正是抓住了传统行业从业者对互联网产品的不了解，弯道超车，成为所谓的朝阳产业。现在，互联网反过来成为基础行业，互联网从业者成了既得利益者。传统行业的人为了活下去，他们用着更激进的互联网组织模式重新武装自己，再加上丰富的行业经验，会不会成为新一代的互联网颠覆者？

被颠覆者要成为颠覆者，三十年河东，三十年河西，这个时代真好玩。这本书，也许可以帮我们找到成为新的颠覆者的机会。我也在认真拜读。

引 言

从一百平方米开始

希腊有则寓言：一只狮子追兔子没追上，狐狸笑话它，狮子自我解嘲说："跑的动机不对称，人家是为了命在跑，而我是为了一顿午餐在跑。"当动机不对称的时候，"老大"们可能会放你一马。假如狮子意识到抓不到这只兔子就会饿死，那么它一定会抓到。

十四年前，我就像那只逃命的兔子。每天的工作就是在车间里一边汗流浃背地修着机器，一边考虑着客户的欠款什么时候能到账。在创业前三年的时间里，都是在缺钱、缺订单、缺人的状态里以战养战，拆东墙补西墙。创业的人都想选择一个没有竞争对手的市场，这是每个创业者的梦想，但这种梦想很难实现。真实的情况是，还不知创业为何物时就贸然地闯进一片红海，然后每天在巨头的捕杀下逃亡。

和大多数传统老板一样，我每天都会累得疲惫不堪，不知道工厂明天是否能够活下去，可能随时都会面临倒闭的危险。跟所有小老板一样，我当时的常态是白天面对员工装得很亢奋，晚上回到家愁眉紧锁，抽烟喝酒排解压力。因为不喜欢搞关系，所以我从来不接政府的订单；因为不喜欢喝酒，也因为没有资格，所以基本不和银行打交道；因为从小就有哮喘病，所以只能在没有雾霾的城市创业。由于资源短缺，什么都没有，如果想要活下去，只能让自己变得更聪明。

在逃跑中我开始认识到创业和亮剑的时机都很重要，刚开始要选择一个巨头没太注意或者看不明白的事。如果做一件事，巨头都知道了、看明白了，那一定会来跟你竞争。每次发力，我都会深入研究，而且会掩藏动机。有些时候发现一个秘密，绝不会等，先做了再说，但是在亮剑前始终会保持一个接近于冬眠的低能量消耗状态。

创业搭班子就像组建小圈子，江湖气很重。小圈子是什么？文化的高度认同，情感的高度契合。这种共识是建立在一种近乎江湖气的基础上：桃园结义。创业者在创业初始，权威性还不那么高的时候，没有严格的决策程序，最容易发生扯皮。例如，在《三国演义》中，有一天水镜先生向刘备推荐："伏龙、凤雏，两人得一，可安天下。"于是有了"三顾茅庐"的典故。张飞这等武夫哪懂得刘备的用意，想出用绳子把诸葛亮捆来，甚至放火把他逼出来。但是关键时刻只需要刘备一句"三弟！"就足以平息。

小圈子文化里一定要拥护一个人的地位。关键时刻，大哥的一句话就能截断众流。我就像团队的大哥，和底下的小弟达成高度共识，形成非常有凝聚力的团队。创业的时候根本没有休息日这个概念，没有星期一恐惧症，哥儿几个凑在一起就是有激情。

如今的我，在创业的途中不断奔跑，在猎杀中享受着激情与快感，但成功的同时也恰恰意味着边界的形成。就像一头凶猛的雄狮同时在追赶多只小白兔的时候肯定会遗漏掉潜在强大的对手一样。我现在所做的也许正在颠覆传统的巨头，相同的厄运会不会也降临在自己身上？死里逃生的小白兔早已知道自己的宿命，所以它在每一次大转向中都巧妙地避开了灾难。

我的故事背后是一个小人物在大时代中成长的缩影，是一个极度热爱自由的创业者在中国传统文化的束缚与自我实现中的碰撞与融合，但不拘一格的是人性的探底、生命的怒放、信仰的回归、灵魂的蜕变。边界的局限正在把中国一批批过往成功的传统企业扼杀掉，因此我明白，自己再强大，如果稍有不慎也会饿死。危机感使我不断地突破自我的局限，最终让一个从一百平方米开始的创业者变成一个无边界组织的疯狂实践者。

目录 Contents

推荐序一　对新鲜事物的好奇心，是此生最好的投资　李善友
推荐序二　谁将成为新一代的互联网颠覆者？　傅盛
引　　言　从一百平方米开始

第一部分　裂变式创业 // 001

第一章
第一次裂变——割肉
003

比强大对手更可怕的事情 // 003
把员工变为合作伙伴 // 008
50万元可以创造伟大的公司 // 014

第二章
第二次裂变——换心
019

想当苹果的富士康 // 019
钱可以选出德才兼备的总经理 // 023
用真心换员工的信心 // 032
创业成功不是因为你厉害 // 040
员工的钱也是钱 // 046
芬尼基本法 // 052

第三章
第三次裂变——选人
056

参加大赛，思考人生 // 056
不存在能力强但没有钱投资的人 // 065
创业型员工的招聘秘密 // 071
厉害的将军都是杀出来的 // 076
用钱买来的团队是靠不住的 // 083

第四章
第四次裂变——失控
087

- 好产品要从组织架构开始设计 // 087
- 共享经济中商业模式的创新 // 095
- 企业"自我生长"的秘密 // 101
- 组织为什么要失控? // 110
- 突破企业边界 // 115

第二部分　无边界疯狂 // 123

第五章
疯狂的特斯拉
125

联手罗辑思维打通中国第一条电动车南北充电之路

- 与特斯拉的浪漫邂逅 // 125
- 改变中国的能源结构 // 133
- 借助互联网的草根力量 // 146

第六章
疯狂的布道
157

互联网大篷车

- 互联网企业杀入传统的痛 // 157
- 用互联网思维武装传统企业 // 165
- 产品型社群：芬尼粉丝走天下 // 172
- 不需要隐瞒的私心 // 179

后　记　站在时代的风口 // 189

第一部分

裂变式创业

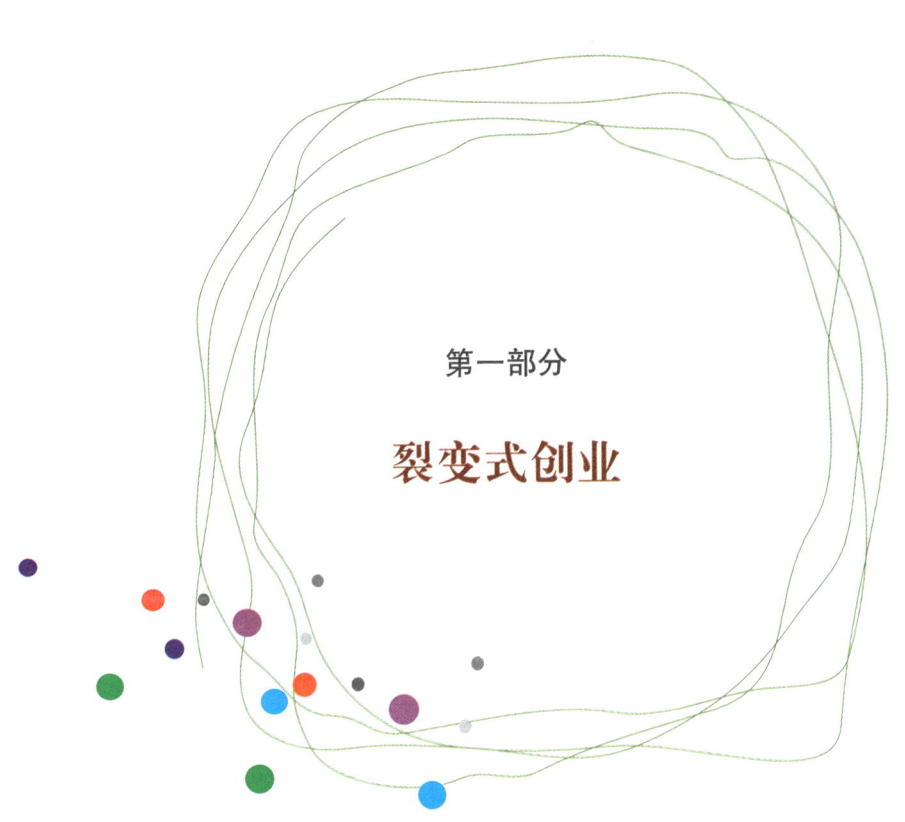

01

第一章　第一次裂变——割肉
第二章　第二次裂变——换心
第三章　第三次裂变——选人
第四章　第四次裂变——失控

第一章
第一次裂变
——割肉

比强大对手更可怕的事情

企业机制要提前设立，等到出问题时再补救，将为时已晚。

——宗毅

你的企业为什么留不住人？

中国传统企业的组织形态非常类似于江湖聚义的小圈子结构。因为小圈子的激励机制简单粗暴，他们重义气多于重利益；他们的信条是江湖聚义，义字当头。当感情维系成为组织管理的主流时，整个团队的结构就变得很脆弱。一旦遇到外界的冲击，要么临阵倒戈，要么内部政变。

而传统的私人企业老板在人事管理上也是感情维系为主，小恩小惠为辅。所以私企老板的管理压力很大，一方面监管底下的人干活不能偷懒，另一方面盯着所有的人有没有"叛变"的迹象。最后就会造成一个结果，所有的下属都不太能干，真正能干的人全都辞职当老板去了。这就是传统组织遇到的最大问题：如何留住能力很强的核心人才？或者说用何种激励方式解决优秀人才心里的痛点？这个问题值得我们每一位实业老板思考，因为传统企业转型，最缺的就是人才。

互联网是传统管理的红色警戒

互联网时代，信息越来越趋于对称。传统组织的老板靠忽悠和恐吓难以阻止创业型员工离开。当信息和资源能够自由流动的时候，封闭型组织设立的屏障就变成了一组玻璃墙，普通人利用互联网完全可以穿透这道脆弱的障碍去连接看得见的资源。传统组织的封闭型管理基本失效，企业老板再也不能靠信息不对称来制约自己的员工。原来是笼络加愚民，现在是高薪留任，即便企业的人工成本与日俱增，但还是不能降低优秀人才的离职率。

原来在个体组织中，老板有独一无二的权威，打工者都有极度的不安全感。每个"宰相"都有一个皇帝梦，过去叛变不成是要杀头，而现在最多是破产，但凡有能力的人都想倾其所有去做老大。最核心的问题是企业所有权问题，而不是你给他多少钱的问题。管理权再大，毕竟不是自己家的东西，如果哪天犯了错，还是要被炒，所以当下属的始终都缺乏安全感。

2004年，当时我刚创业两年就遭遇到了一次高管离任的危机，离职的是芬尼的销售总监，也是创始团队四位核心成员之一。当创始人没有企业所有权的时候，就会有分山头排座次的江湖心态。打江山的时候也流过血，拼过命，到头来这个企业跟他一点关系都没有。当时这位营销总监开发了国内80%的业务，他觉得业务都是他做的，宗毅有什么了不起，他自己也可以做老板。

最后他在外面成立了一家跟芬尼一模一样的公司，而且把当时芬尼的生产部部长和技术骨干一并挖走。传统企业离职的高管在创业时有两样东西是他会从原公司带走的，第一是人才，因为创业公司要组建新架构，用新人不如用老同事，第二是客户资源，因为他最了解公司的成本结构和人际往来，挖墙脚最便利。所以高管离职创业，尤其是创始人分裂做同类型的公司是最危险的，比一个强大的对手可怕得多。

互联网是传统集权组织的红色警戒线。创业型员工始终都是要创业的，肯定留不住。合伙人制最终会替代个体垄断成为新的组织方式。对于企业，如何建立一套机制来排解现有组织的阵痛是我们这些传统企业老板内心的焦虑。

没有组织机制，未来就没有保障

为什么大多数江湖组织抗分裂能力弱，是因为组织没有在统一利益的基础上形成新的规则和契约。在传统的江湖组织中，领导人必须是从一个胜利走向另一个胜利，如果老大稍有差错，就会遭遇权威上的质疑，不是被弹劾就是引起组织的分裂和动荡。

也不是所有的江湖组织都不堪一击，进行过体制设计的结构也可以做得很结实。

创始人团队里面任何一位可以举荐团队以外的人才进入核心层，但是必须给对方担保，一旦被担保方出现问题，担保人就要承担连带责任。这样团队内部既有竞争关系，又是一个利益共同体，而且人才可以源源不断地涌进。为什么这伙人能想出这样细致巧妙的机制来运行组织？原因很简单，如果他们出一点差错，丢的不是钱而是命。江湖组织的底层逻辑是性命攸关的利益共同体，顶层制度是负连带责任的人性博弈，对制度的共尊共荣是超越人治的最高权威，风险共担、富贵共享是组织的核心价值观。

所以企业内部结构的稳定不在于组织方式，而取决于制定何种机制。马云说，有一套好的制度，平凡的人在一起可以干伟大的事；一套坏的制度，好人也会变坏。

任何组织在运行中都必须有一套机制来保障。就像一个国家，制度对国家的强盛比什么都重要。我在芬尼推行裂变式创业，不是因为想要创新而去做出改变，而是因为遇到危险不得不进行组织创新。所以说组织一定要建立机制，而且机制要在矛盾出现之前设立，不能等到出事了再进行补救，例如你的核心员工想要当老板，这很正常，在他有这个想法之前就应该准备好相应的制度，给这种员工机会，一旦他提出离职创业，一切可能都晚了，关键人员的离去对企业可能就是灭顶之灾。

在今天，老板的个体利益至上失效，怎样从一个老板变成大家是老板的转型中让组织平稳过渡？用何种激励能让员工能够从混日子走向自驱动？这些问题的答案将决定中国传统企业到底还能活多久。

把员工变为合作伙伴

富人即使倾家荡产给予穷人也不能温暖人心。穷人想要他牺牲的，并不是他的财产，而是他的骄傲。

——托克维尔

开始裂变

因为2004年的高管离职危机，我一直在思考如何避免让此类事情再次发生，而且要想办法把剩下来的高管团结起来。企业遇到核心人员出走，一定先要稳定人心。稍有不慎，就会让人心惶惶的内部出现裙带效应，群体离职都是因为善后的问题没有处理好才发生的。

在 2005 年，芬尼生产的游泳池热泵（泳池恒温除湿系统）里面有一个重要的配件——钛管换热器，可以有机会自己生产，按公司往常的做法，成立一个新的车间生产就行了，但是这次我想以此为契机，把所有蚂蚱系在一根绳上。

第一步，抛砖引玉

首先，我把公司的 6 个高管叫在一起开了个会，让他们和我及其另一个原始股东张利共同出资成立一家公司生产钛管换热器，经过简单计算，利润确实比较高。另外，芬尼作为天使客户采购新公司生产的配件，为配件工厂提供足量的订单。总之，无论怎么算，新成立的公司都不会赔钱。而且只要投入几十万元，以后就可能做大做强。老板在画饼的时候，员工通常的心态是囚徒困境，表面上异口同声，但内心是矛盾的，如果同意出资，万一赔了是有苦说不出；如果不投入，那老板肯定觉得自己跟他不是一条心。

第二步，软硬兼施

通常老板抛砖引玉，再加上热情鼓动，当时在场的人基本都会头脑发热，但是稍作清醒，99% 的人都会退却。打工者的心态是——面对投资往往不敢，遇到投机倾家荡产。果不其然，当时在场的 6 位高管中的 5 位第二天都跟我说不想投资。我也不气馁，软硬兼施，各个击破。最后游说了 4 个人投资，其中一个人投资 10 万元当了总经理，其他 3 个人每人投入 5 万元当了股东，我和联合创始人共出资 35 万元，最终这个公司实际出资 60 万元起家。

这些人第二天异口同声地反悔，是因为当天晚上他们在一起开过小会，互相约定谁都不参与。面对这种情况，老板如果对产品有信心，可以找到这个联盟最弱的环节进行突破，往往懂产品和技术的人最容易公关。因为他们懂产品，对市场有信心，但是不想得罪同事所以不敢出头。在他们摇摆不定的时候说服是比较容易的，最后担任新公司总经理的正是芬尼的生产部部长。

第三步，"坐地分赃"

新公司成立后第一年，由于总经理是大股东，于是拼了命地干活，只用了 7 个月就把新产品试制成功，比预期足足提前了一年，并且当年纯利润就超过 100 万元。年底，我和张利决定，把红利的一半分掉。股东投入 5 万元的股本，一年后就收回了，这时的状态就像捡到钱一样兴奋。所以老板在激励政策的制订上一定要比员工期望的多，要么不分，要给就比他想要的更多，这种激励才能产生势能，干活的会更加拼命，没有参与的只有羡慕嫉妒恨，以后老板再推行新的政策，所有人都会树立信心，一呼百应。

当第一步做成后，以后说什么大家都会信。所以组织改革一定要走出成功的第一步，老板就算从自己口袋掏钱倒贴也要开头彩。因为第一次的成功，芬尼种下了裂变创业的基因，自 2006 年以后每年开一家新公司。这不但形成了稳定的现金流，最大的作用是让老员工出去创业获得更多的收益，腾出的位置让有能力的年轻员工可以上位注入新鲜活力，所以对企业、老员工、年轻员工都有利。

这里面有最关键的一环，4 个高管投资，只有总经理出去创业，其他三个股东还是在芬尼担任高管，不参与新公司的任何运营和决策。因为芬尼是新公司的天使客户，两家公司平常的沟通和磨合都需要润滑。由于这种组织关系，股东的利益和整个流程操作的关键环节都紧紧重合，所以不需要监管就可以灵活运转。传统企业老板一定要谨记一个原则：只有各方都得利的时候，组织才会平和地进行新陈代谢。

所以芬尼在组建第二个裂变公司的时候募资 100 万元，其实这个公司 60 万元就能做起来，为什么要多募集 40 万元？因为需要把 20 位核心人员团结起来，每个人出 5 万元，共 100 万元。

私心是组织变革最大的挑战

假如我们是一个襁褓中的孩子，对事物没有任何概念性认知，我们可能对眼睛看到的一切都感到好奇，对任何好奇的东西做出的第一反应就是去触摸。

裂变创业真正的考验是传统企业老板对于舍得的理解。如果一个好的产品能够赚很多钱，但是分给高管们任何一份红利都会认为是增加了一份成本，这时老板的心态就是零和博弈：别人多拿走一分，我口袋里就会减少一分。如果换一个角度想，你的手下要出去创业，无论你怎么阻拦他都是走定了。在损失人才的前提下又增加了一个强大的对手，并且他了解你公司的很多情况。但是现在只要你出钱，他就给你一个投资的机会，你没有任何损失反而年年拿红利，这就是正和博弈。

只有想明白了出发点的不同，才能正确理解自私和取舍。我正是因为认清了这层关系所以才会舍得割肉，而且自认为做得很聪明的一点是，新成立一家公司采取了新的组织构架。因为如果在原有的公司实行，一是老公司里面的既得利益者一般会排在前面，必然会造成重要的新成员积极性受到打击，甚至没办法开展工作。二是伤害了现有的利益格局，会使得原来的股东反对，不但使原有的组织效力退步，也容易使"合伙人制"流产。三是容易让其他人觉得是高管离职造成老板不得不做出的妥协，这样以后的高管要离职就等于给留下的员工发福利了。

在中国的传统文化中，讲究人以群分，物以类聚。这句话看似以品性来分类，但其引申义更多的是按等级和次第来划分。人有出身的不平等，但没有一辈子的不平等。其实结构变革是外因，员工怎样看待自己在组织内的位置是内因。例如农奴社会，当奴隶天生认为自己就该一辈子当下等人时就没必要实行社会平等。但是互联网社会，草根英雄辈出，当每一个人都不甘于人下想自己当老大的时候，再进行压抑化管理及采用封闭的组织结构就会出问题。"创造一种机制，把员工变成合作伙伴，尊重并给予员工机会，包括共享企业成功的机会"——这也是芬尼的核心价值观，员工可以成为我们的合作伙伴，而不只是员工。

50万元可以创造伟大的公司

互联网成就了小人物崛起的英雄时代。

——宗毅

传统组织的窘态

中国制造企业从时间轴上可以分为两个大的阶段：

1998—2008年，国家主导经济体制改革，外贸、投资、消费是拉动中国经济增长的三驾马车。中国民营企业获得自主进出口权，制造业在中国开始蓬勃发展。

2008年至今，新的《中华人民共和国劳动合同法》（以下简称《劳动合同法》）施行，对解雇劳工进行了严格的限定，使制造企业的劳动力成本有了一定程度的上升，同时中国制造企业出现了产能过剩的现象。

传统制造企业从自身来看，也完成了两个角色的转换：

第一个阶段叫"大款"，圈地、养人、扩产；

第二个阶段叫"流寇"，被互联网企业挤在夹缝中求生存。

今天的制造企业为中国承担了 90% 的就业岗位，其中超过 6 成是家族企业。这些制造业老板，有几个明显的特点：

（1）不改变现有的家族经营方式，坚持亲情管理，以稳定为重心。

（2）子承父业，但现金掌握在自己手中，只交经营权，不交财权。

（3）坚持资本保值，宁愿把现金置换成资产，也不进行生产性投资。

中小制造业老板长期的思维模式是：以老板为市场，以银行为客户，以笼络为管理，以调账为经营。这种思维是伴随中国人情社会和伦理文化一同成长的。今天中国制造业转型遇到最大的问题就是老板自身的问题，传统的控制型组织逻辑在互联网时代失效，企业老板是否能跟上时代是决定组织存活的基点。

从边缘杀入，做细分市场的隐形冠军

从创办企业的第一天起，公司就选择了一加一大于二的合伙人模式。芬尼的两位创始人，我负责技术和营销，联合创始人负责财务，互补性的顶层设计让企业的经营效力是一加一大于二。因为特性和技能的互补，合伙人之间不需要更多的磨合。企业选择合伙人一定是个性互补，整体价值观一致，并且总有一方相对需要妥协，这样在企业的战略决策中就不会出现根本冲突。在互联网时代，自身的迭代需要变得很快，合伙人一定要同步成长，如果出现步调不一致，也会增加沟通的障碍。

正是因为在创业的时候选对了合伙人,所以在芬尼的成长中都没有犯过致命的错误,任何一个伟大的公司都以几位优秀的创始人为基础,而芬尼的发展路径有三部曲:

第一部曲:正面攻击,损失惨重

芬尼跟所有的小工厂一样,靠着极少的资金开始运转。我们的初始资本只有50万元,注册手续办完后,手里的钱所剩无几。公司运营前三年的生存期走的是贸工技的路线,第一年做代理销售,第二年做贴牌生产,第三年做自有技术研发的新产品。

整个过程充满崎岖,不但遇到高管离职,而且几次现金流差点断裂。因为从事的是制冷和制热设备的生产制造,所以产品方向的选择上范围很广。当时我们也犯过所有创业者犯过的错误,向行业巨无霸发起正面冲锋,企图通过低价销售攫取一块根据地。但很不幸的是,就算赔本销售也很难撼动行业老大的领地。当时消费者进入了品牌选择的时代,默默无名的小公司很难有立足之地。

第二部曲:聚焦细分,隐形冠军

冲锋受挫后,就采取多产品线策略。这时小公司常犯的第二个毛病就出现了,企图依靠单一产能生产尽可能多元化的产品,这时厂家赌的是概率论,好坏产品一把抓撒向市场,总有一款产品能够赚钱。但是这样一来,所有单品的生产成本均上升。如果苛求毛利率只能高于市场价格销售，就算有一款产品能够卖得好，利润也被其他滞销的成品冲抵，厂家实际上是赚不到钱的。

在2005年的时候，我们才找到了正确的产品方向，向海外出口游泳池热泵。这在行业内是个较小的市场，行业大佬不会花精力涉及，弱小的工厂因为技术原因缺乏竞争力，芬尼仅用了五年时间，就成为全世界泳池热泵行业的老大。所以制造业企业选择产品和市场的时候，一定要避开行业大佬们的锋芒，从边缘介入，并快速聚焦，单品制胜。

第三部曲：陷入困局，从线下走到线上

传统企业的老板都想改革僵化的组织，让企业迸发出新活力。尤其是互联网时代，年轻员工上位成为企业进步的必然趋势，但是企业老板往往很难推陈出新，总有一些老人身居高位形成强大的阻力，新的制度还没有落地就半路夭折。老板要提拔一个新人，就必然会动一些人的蛋糕，如果霸王硬上弓，新人上任伊始就开始了严酷地和传统势力做斗争的战斗，结果很难预料。这两种结果显然是企业老板最害怕的，分析利弊后，干脆就维持原样，所以传统组织大多止步不前的原因就是没有找到低成本新陈代谢的方式。

2008年年底开始，中国传统实体企业陷入困境，产品同质化、产能过剩、劳动力成本直线上升，国外的采购力大幅减弱，利润被人力和原料成本吞噬。新《劳动合同法》的施行让企业不敢随意开除员工以便缩小战线保本生存。眼看改革开放三十年累积的财富被不断回流

到产业规模的维持中,很多企业老板都在抬头看天,祈盼有一天市场能够再次回暖。

随着出口利润不断降低,原有细分市场无法继续扩大,我对未来陷入了深深的恐慌。当时正值互联网交易兴起,网商的崛起大有席卷线下实体店铺之势,如果错过互联网,可能会与未来失之交臂。在这种无形的恐惧当中,芬尼被迫转型。从单纯的线下 B2B,开始介入线上 B2C 的新领域。

与大多数做实体企业的老板一样,我最初的想法只想开个官网卖东西,但不久这个幻想就破灭了,因为根本找不到合适的人才来运营线上交易。公司费尽心思从外面挖人,但是互联网公司的人才都不愿意来传统公司工作,人才的短缺是中国传统企业转型艰难很重要的一个壁垒。正是遇到人才构架的困境,才迫使芬尼后来孕育出裂变式创业模式来进行组织创新。

我当时的心态就是感觉安逸的好日子要到头了,面对未来我们不知所措,只能被迫以身试险。稻盛和夫说:"人是很奇怪的,一旦被逼入进退维谷的境地,反倒想开了,轻松了。在改变自己心态的瞬间,人生就出现了转机。"面对企业进程的岔路口很多人选择了急流勇退,也有很多人选择抄小道,走捷径。只有一小部分人选择硬着头皮向前,边走边看。我也想走捷径,但现实情况是没有条件,也没有能力选择走近路,只能死扛。也许精彩的故事都是成功后的总结,但是残酷现实造就的伟大往往粉上了一抹幸运的色彩。

第二章

第二次裂变

——换心

想当苹果的富士康

你以为你的对手是友商,其实你的对手是时代。

——李善友

渠道是制造业难以言说的痛

2009 年是中国制造业的转折点。2009 年之后中国经济进入了低速增长期,尤其是以外贸出口为主的制造企业业绩大幅下滑。这一年对很多传统企业是冰火两重天的分界线,往前一年是天堂,往后一年是地狱。芬尼也不例外,往年出口订单年年增长,有几年芬尼的增长超过100%，但2009年突然进入负增长，并且当年的趋势证明出口企业高利润率的好日子到头了。当一家单纯依靠出口获取利润的企业遇到发展的瓶颈时，想到的第一策略就是出口转内销。在2009年之后，中国涌现了大批出口转内销的外贸企业，"两条腿走路"这个词一时间火遍了大江南北。

大批出口企业的产品涌向国内市场，但是很多都不赚钱，原因是受渠道的局限。在2009年遇到外贸寒冬后，我也开始考虑芬尼产品进入国内市场。当时出口欧洲的空气能热水器是销量很好的产品，我打算用这款产品打开国内市场。作为一家家电制造企业，几乎从来没有在市场上卖过任何家用产品，当时我的第一反应就是和渠道商合作。和大多数传统工厂一样，我们找到国美，对方开价每个店50万元的进场费，共1600个店，并且压款两个月以上。

也许是天生的性格原因，我绝不愿意受别人掌控。一门生意就算能赚再多钱，但是要受他人牵制，我也不会轻易去做，因此最终决定建立自有渠道。制造企业要自己卖产品、做品牌，就像富士康转型做苹果一样让人觉得完全不可能。当今的传统企业为什么转型那么困难？就是因为迈不过渠道的坎。

过去是线下渠道强势，扣点加欠款；现在的电子商务平台更加强势，不但和线下一样苛刻，而且还需要厂家出钱购买流量，竞价排名。而大多数传统企业以为电商就是从线下渠道搬到线上，实际上利润不是多了而是更少了。传统企业应该明白，互联网时代是用户习惯改变交易方式，并且是流量为王，谁能够吸引用户流量谁就是王道。

自建渠道在初期虽然费钱、费时、费力，但是一旦建成便是一个自由王国。这次我们在遇到困难的时候不是恐慌，而是兴奋，因为我们坚信企业只有在危难的时候才会想到变革，在新旧时代更替之时，中小企业才有弯道超车的机会。

互联网可以卖一切

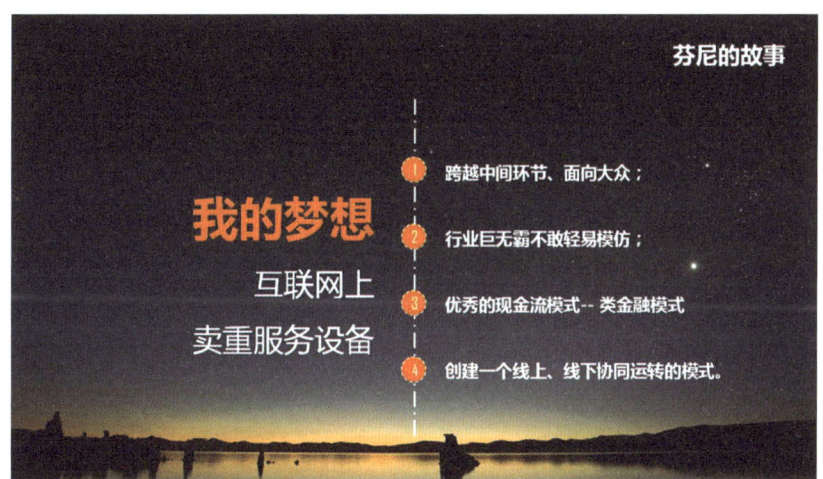

越来越多的传统企业向电子商务靠拢，但是在2010年时，大型的、重服务的家用产品还是很难在网上卖。第一，物流问题是大型家用产品制造商面对电子商务的窘境。我们也曾纠结过这个问题，重一百公斤，高度一米八的一体式热泵热水器，骑三轮的快递哥怎么送上楼？第二，安装服务怎么办？但是互联网时代一定是最终所有的传统交易都可以在网上进行，这是时代的趋势，在该变革的时候不先动身会后悔一辈子。本着在互联网上卖重型设备的梦想，我们设计出理想中的公司模式。

这个模式的成立要符合以下四个原则：

（1）跨越中间渠道环节、直接面向大众。把线下传统的层级代理取缔，在网上与用户直接沟通。

（2）行业巨无霸不敢轻易模仿。传统行业大佬在线下的渠道端都很强势，如果为了增加销量，贸然推动线上销售会伤害线下渠道商的利益。这种杀敌一千、自损八百的蠢事他们不会干。

（3）优秀的现金流模式——类金融模式。能够占用上下游的资金增加周转频率，让新公司用极少的自有资金可以运作。

（4）创建一个线上、线下协同的模式。线上吸引流量和成交订单，线下进行售后服务和活动体验，纯互联网公司很难颠覆这种O2O模式。

理想的商业模式能够落地的前提是有优秀的人才去践行，但对于制造企业，最难找的就是互联网转型的人才。就算找到这样的人才，充满传统文化的传统企业也很难把人留住。如何找到有互联网基因的人才，并能够让他持久地创造价值，成为传统企业互联网转型最关键的一步。

钱可以选出德才兼备的总经理

用人民币投票

中国从事制造业的传统企业,面对互联网转型最缺的往往不是钱,而是人才。大多数传统行业的老板对互联网相对比较陌生,不知道用什么样的人可以堪当重任。企业内部放眼望去,要么不知道谁有互联网基因，要么觉得自己的员工都不行。通常情况下都是从互联网企业挖人，但大多数老板的普遍感受是挖不到真正的人才。互联网企业的人才都不愿意到传统企业工作，即使来工作也因为文化不相容很快离职。所以最后从外面请人的传统企业大多数招的都是三流人才，混日子的居多，新成立的网络部门运营不久便会流产。

同样的问题也发生在我们身上，怎样才能找到有互联网基因的人才？前面四位裂变公司的总经理都是任命，但对于做一家互联网公司，我们开始并不知道什么人选合适。那时候也想过从外面找人，没有招到。最后没办法，才想到了竞赛的方式，这个想法来源于中央电视台《赢在中国》节目。但是，问题来了，怎么选拔？我们经常搞比赛，例如唱歌比赛，我们常会发现评委都是不理性的，假如女生上来唱歌，唱得很好，给9.5分；她长得很美，一激动就给了9.8分；她再会说话一些，给10分！就算是任何人做评委都会有这种感情用事的情况，为什么会这样？因为不管谁上去，和他自身的利益不是紧密相关的，但我们要选的是股东级的总经理，必须要严肃地选出真人才。

2010年年底，芬尼举办了内部的第一届创业大赛，PK的主题是："假如我是互联网营销公司的总经理。"为了调动企业内部全员参与的热情，我们设计了一张独特的选票。为了这张选票，我苦苦思考了两个月，一是下决心，因为经营这个新公司难度很大，搞不好会伤筋动骨；二是怎样把最合适的人选出来，而且要让公司上上下下全力以赴地支持新公司。这张选票的设计并不复杂，一共才三行：

第一行：你选谁？例如小张；

第二行：你投他多少钱？例如 5 万元；

第三行：签上投票人的名字。

具体的评选方法：

（1）有投资资格的人只能投一票，额度根据职位高低设定上限。

（2）员工写在选票上的金额如不兑现，罚款上一年年收入的 20%。

（3）选民投资的人选与 PK 胜出者不符，有权修改人选，但只能排在候选，不保证有资格投资，同时投资比例需要打折。

（4）竞选人及竞选团队要申明其个人投资额度，带头人投资要超过首期投资的 10% 以上，自己不投资不得参赛。

（5）获得投资额最大者获胜。

PK 制下的血腥争夺

比赛告示张贴后，揭榜的有 14 个队，平均每个队 4 个人，共有 60 多个员工参与。为什么会有这么多人报名，主要是因为前面裂变的四家公司都挣钱，它们的总经理收入都相对较高，榜样的力量是无穷的。同时，因为前面的案例，员工对公司要创立一个新的公司深信不疑，机会对每个蠢蠢欲动的人都有极大的诱惑，而且这一次不同的是：看起来人人都有机会。通常民营企业是个独裁社会，老板认为谁行，谁就有机会上位，老板认为谁不行，再努力似乎也没用，而比赛让大家都有机会。但是大部分员工从来没有想过一个富士康要变成苹果有多困难。所以员工的信心对企业推行变革最为重要，如果员工对老板和企业没有信心，不跟你玩，企业什么创新也推动不了。

由于参赛队伍比较多，比赛分成了两轮进行。预赛进行得异常的精彩，得益于芬尼平时的企业文化，干什么都能玩起来，最关键的是

大家都很认真，因为所有的人都不认为公司在开玩笑。其实当时我自己心中是没底的，搞不好就草草收场了。但是比赛的结果是超出预料的，冠军居然拿到了130万元的员工投资，亚军拿到了30万元，而且方案比我原来自己心目中想象的好多了，这就是竞争的结果，这更加坚定了我把这个游戏进行下去的信心。

在决赛的时候，我感觉本公司的评委对互联网在传统产业应用的判断没有把握，就把中欧国际工商学院从事互联网和投资的同学请来做评委。中欧同学们听说芬尼要用人民币选总经理，大家都很好奇，欣然接受邀请，其中甚至还有阿里巴巴的一位副总裁。

最初我感觉参加选举的员工能够拿到一两百万元的投资就很好了，所以当时就做了一个动员：如果我们哪一位员工能够拿到比如说100万元，那我投给他3倍，我另外一个合伙人也投给他3倍。

比赛过程中专业评委评得非常精彩，员工意气风发，场面就跟喷了血一样，最后单是员工投资就有950万元。要是按照当初的承诺，我就要投2850万元给总经理，联合创始人也要投2850万元。当时我手里并没有这么多现金，而且也觉得没有必要投资这么多去做一个项目。于是就跟员工商量，让他们减少投资，但是动员了几个员工，一个都没成功。为什么呢？有一个员工跟我说："老大，你看前面四个项目投资，兄弟们都有收益，我职级比较低，轮不着我，这次终于轮到我了，你又不让我投，这肯定不行。"

我最后只有整体等比例打折，把资金盘子定为1500万元，创业团队和员工投了一半，我和联合创始人投了一半。当所有人对目标怀有坚定信心的时候，大家不会怀疑只会跟随，而信心的形成是因为看到一个个用成功而铸就的先例。因为群众投资太热情，在这样的情况下投资新公司就变成了一种机遇，那员工在日常的工作中怎会不拼命。

用人民币选出来的带头人才是德才兼备的

如果你面临这样一张选票，会把钱投给什么样的人？

第一因素考虑的一定是人品，也就是道德水平。比如，如果某员工在芬尼的工作中曾经有过污点，例如收受回扣，这种事情老板不一定知道，但是一定有员工知道。如果该员工参与竞选，知情的其他员工不但不会投他，还会把他的劣迹告知其他选民，选民之间肯定会传，为什么？原因很简单，例如小 A（曾经有污点）参选，人气很高，有不少同事都愿意投钱给小A，小B曾经和小A在一起共事，平时小B可能会帮助小A保守秘密，但这时候因为小A曾经的污点，小B自己不想投资给小A，而且小B不但自己不投小A，他也不希望别人投。因为如果小A最终获胜，小B没投小A，这个项目就和小B没关系了，所以小B很有可能把小A的劣迹告诉其他选民。这就是为什么克林顿和莱温斯基的桃色事件会爆出，希拉里的邮件门也会被爆出的原因，共同利益的导向会让腐败暴露，最终让公司比较廉洁，这就是民主的力量。

第二因素是经营能力。如果只是道德水准很高，平常很会做人的候选人也不会被选中，因为最小投资的额度不是500元，而是5万元，不可能因为哥们义气，吃顿饭就妥协了。每个投资人都会很慎重，提前反复去了解情况，相当于尽职调查，因为员工投钱都是为了盈利，不会因为跟你关系好就把钱投给你。

最后选出来的人，就具备了两个特征：第一个是德，第二个是才。只有用人民币选出来的带头人才是德才兼备的，用其他任何办法都靠不住。

用钱投票是最理性的选举方式，除了可以选出德才兼备的人还有其他的好处：

第一，可以避免贿选和拉票。第一轮票选阶段，晋级的团队还存有拉票获胜的可能，但在决赛阶段就不是轻飘飘地投票了，因为选民是投钱选出创业团队。决赛的时候，外面请来的评委会参与点评，主要是为了从第三方的角度审视项目的可行性。但这不是最关键的,最关键是有投资资格的员工拿钱投票,这时不会有人因为跟参赛团队感情好,而决定投 5 万元给他们,投钱制度解决了拉票的问题。当每个人拿自己的钱去选人的时候,一定是最认真理性的。

第二,让母公司的骨干员工尤其是管理层用钱投票,也把他们和新公司的利益绑定了,这很重要。因为转型的过程中需要借用母公司的资源,而且有可能跟母公司的既得利益发生冲突,一旦母公司的主要管理者跟新公司的利益是绑定的,新公司的运营就会顺畅得多。

第三,打破论资排辈。企业提拔干部往往遇到一个很麻烦的问题,就是论资排辈,下属很难变成上司的老板,后入职的员工很难超越老员工的级别,一旦越级提拔,新任总经理经常会遭到老资格员工的质疑,凭什么轮到这个新人升职,怎么着也该轮到我了吧。但是如果这个年轻人愿意拿出自己的钱来赌这个项目,而且大家也愿意陪着他一起赌,原有的排序自然被打破。例如一个经理级的人愿意拿出 100 万元,如果总监说这个事应该让我来干,那也可以,有本事你也拿 100 万元出来参与竞选。这时候就是考验胆量和能力了,你经常会发觉这种时候原来位高权重的员工往往不敢,因为他原有的既得利益比较大,万一项目失败又回不到原来的位置上,机会成本比较高。这时候他会怎么办?我就会引导他,你参与竞选啊,看大家投不投你,大家投你我就投你,如果你不敢参与竞选,我也没有办法任命你。还有一种选择就是你投资你认为行的人,如果你不知道谁行,我给你个建议,你看××不错吧，要不你干脆把钱投给他得了。这哥们儿想想也是，因为他看好这个项目，但他自己又不敢上，唯一的办法就是把钱投给这个行的人。那会发生什么情况？这个人如果上去，原来这个职位高的员工自然会全力以赴支持新任总经理的工作。老资格的员工在公司里一般会有一定的影响力，对比他在日常工作中使绊子从中作梗，和他来支持这个年轻人，效果完全不同。所以用钱投票，论资排辈的任命问题自然会被打破。

最后决赛的结果是第一名拿到了几乎所有的员工投资，第二名只有一点点，第三名一分钱也没有拿到。常规的比赛通常是前几名比分很接近，但是用钱选人好坏很明显，因为是投资真金白银，只能投一个人，所以必须孤注一掷，最后选出来的一定就是最好的。上海润米管理咨询董事长刘润先生把芬尼举办的创业大赛比作美国的民主选举，但拿钱投票比美国选举更进一步，跟个人利益的深度绑定，会使投票人更加谨慎地对待自己的选票，最后选出的人一定是最具有创业能力的人。

用真心换员工的信心

不要用兄弟情义去追求共同利益,而要用共同利益去追求兄弟情义。

——《中国合伙人》

不要相信干股

传统企业在吸引人才的时候很常用的一个手段是给核心人员干股。干股是"利益共享,风险不共担"的结构,看似把职业经理人的利益和企业统一了,其实不然。

例如一家企业第一年盈利1000万元,老板答应职业经理人给他30%的干股分红。第一年分给他300万元,没有问题,皆大欢喜。如果第二年企业盈利3000万元,老板就要分给他近1000万元,这个时候老板的心态就会开始不平衡,职业经理人一分钱没出就要分他这么多,很多老板就会因为舍不得分钱最终不兑现承诺。职业经理人也不傻,知道如果业绩做得太好,盈利太多,老板也不会分他那么多,最后反而因为利益撕破脸闹到分家的地步。所以职业经理人在日常经营中,就把利润控制在1000万元左右,也不赚多,自己分300万元就好。而且如果今年完成 3000 万元,老板明年一定会定一个更高的任务,这是自己找累受。

这还是好的情况,如果赔钱了呢?年终分不到红利,职业经理人的心态是:还不如去打工,这时候就开始有人写简历准备跳槽了,本来可以继续拼一把的,战斗力就大打折扣了;第二年又亏了,职业经理人可能就跑了,扔了一个烂摊子给老板。这时现招人肯定来不及,就算新人招进来至少需要适应一两年才能扛事,这段时间老板不得不亲自上,很多企业的老板每天累得跟孙子似的就是因为职业经理人不稳定,中途撂摊子,老板就得跑到各处去救火。

创业带头人自己拿不拿钱入股可以说明很多问题:

第一,一般能参与创业大赛并获得冠军的,工作时间一般不会少于 5 年,否则他很难在公司树立足够的威信,一般也必然是公司表现最出色的几个员工之一,那么他在公司的收入也是相对较高的,员工在工作期间的收入高低本身就是对能力的证明,挣不到钱的员工很有可能就是能力不足，这种人怎么能当创业带头人。

第二，他挣到钱但是没有钱投资，他的钱去哪里了？最大的可能就是平时铺张浪费，不会理财，芬尼选的是总经理，一个连几十万元都理不好的人，怎么能指望将来为公司去理几千万上亿元的资金，所以，不会理财的人不能当公司带头人？

第三，公司从来没有要求你从自己口袋里掏出所有的投资款，你可以去借。我自己在创业的时候就借了不少钱做公司的流动资金，能不能借到钱本身就能看出很多问题：第一，这个人的人品好不好？别人愿意把钱借给你是因为相信你人品好不会赖账；第二，别人愿意把钱借给你是因为相信你有能力还借款，而且，融资能力是作为总经理的一个最重要的能力要求，一个连几十万元都借不到的人怎么指望他将来能为企业融到几千万甚至上亿元的发展资金，所以一个能借到钱的人本身就说明他德才兼备。

第四，最常遇到的情况是有钱不愿意拿出来，这情况实际告诉我们，他没有信心，如果作为创业带头人口口声声告诉你这个项目会很挣钱，但是他自己不投，无异于告诉你他在骗你。

所以最后的结论是：没钱就是没本事。我相信一个道理：创业能否成功，关键是看创业带头人是否自己掏钱出来创业。

一套房子足以毁掉一个大英雄

有一个特殊情况是买房子，一般的年轻人毕业几年都要买房子，尤其在北上广，买房子是一个巨大的负担。芬尼在每次竞选前，我都会主动动员一些我认为有前途的年轻人参与竞选，遇到最多的问题就是买房子，员工因为买房子占用了全部的流动资金，在这种情况下往往无力投资，这是个很头疼的问题。这时候，我会以自己为例告诉他们，芬尼是50万元创业的，我和同龄人最大的不同是，在大家买房子的时候没有买房子，而是把几乎全部的资源都用在事业上。2006年是我第一次买房子，一天就买了三套，还是抢在房地产的低价入市的，这足以说明当你创业小有成就的时候，房子根本就不是个事儿。阿里巴巴也是50万元创业的，如果马云当年用50万元买个房子，怎么会有今天的辉煌。所以我经常对年轻人说的一句话就是："有理想的年轻人，轻易不要买房子，一套房子足以毁掉一个大英雄；没啥想法的，那就去买吧。"有时候年轻人往往会反驳，"我们要娶老婆啊，没房子娶不到老婆啊"。我的回答是："我们选的是总经理，你告诉我，哪一个成功的企业家是没有老婆的？"

我现在常常打趣说的一句话就是："我们要找的就是没有房子也能娶到漂亮老婆的人，起码说明他有魅力、有能力；我们找的就是敢于抵押房子来投资自己事业的人，起码说明他有胆量、有信心。"有魅力、有能力、有胆量、有信心不就是对企业带头人的要求吗？

职业经理人制度的陷阱

企业发展到一定程度一般都要用职业经理人，但是职业经理人制度有一个根本的问题，就是职业经理人跟企业所有者的利益很难做到一致。股东想要的是利润，而职业经理人希望把企业做大，只有把企业做大，他才能拿到更高的薪酬，才能有更高的社会地位，而且企业越大职业经理人的权力越大，他可以有更多的手段变现和置换资源，这时候往往是伤害股东利益的。

职业经理人在做项目的可行性分析时也不会太认真，我自己在创业之前做过三年的职业经理人，当时的老板准备要投资一个空调厂，老板让工厂管理层（我是成员之一）负责并提交项目计划。管理层没有经过认真测算开口就跟老板要两亿元，团队当时是典型的职业经理人心态，主要揣摩老板到底能投资多少。

为什么是两亿元？主要是大家判断老板大概能给得起，老板投资两亿元后，管理层先把钱投下去，老板就被拉下水了，想撤都撤不了，到时跟老板再要两亿元他也得给，作为管理层对于项目赚不赚钱其实没那么在乎，反正自己没投一分钱。

要两亿元的投资还有一个重要原因，那时候管理层刚刚辞职从国企出来，在他们眼里，两亿元也不是什么大钱。我辞职前就有一段经历，这也是我在国企参与的最后一个项目：投资一个立体仓库，一个仓库就投了六亿元，后来这个项目六亿元投下去也打水漂了。

最后老板只给了管理层800万元，最终这个项目也做成了，这个案例重重地给我上了一课，原来创业并不一定需要很多钱。

因为曾经做过职业经理人，所以我在裂变公司总经理的位置上是不用纯职业经理人的，要干大家就一起投钱，要不就别扯。只要你肯参加裂变创业大赛，员工肯把钱投给你，我就投资。不要因为兄弟之间感情好就绑在一起创业，而是因为大家是一根绳上的蚂蚱，为了共同的利益必须摒弃矛盾、共同向前。利益的捆绑最牢固，人情的维系最靠不住。所以有一句话特别适合中国传统企业的老板："不要用兄弟情义去追求共同利益，而要用共同利益去追求兄弟情义。"

让出最大收益权

在新公司，竞选总经理的人必须掏出至少10%的首期投入资金，上限原则上是多多益善，大家共担风险，例如公司注册资本是1500万元。总经理组建五六个人的创业团队，所有高管都必须掏钱持股，总经理的最低出资额度就是150万元，管理团队优先持股，必须真金白银，一般管理层会占到25%左右，然后我和张利各拿出25%的资金，共占50%的股份，大约还有25%的股份是由集团内其他公司的高管和老员工出资，这样所有人的利益就跟这家新公司的成败绑定了。

机制的核心两点是：

（1）芬尼创始人控股新公司，同时收益权上充分激励创业团队。

（2）创业团队成员必须掏钱参股，以身家性命赌未来，这样他们的决策和行动才会像真正的创业者。

10%的股份对新公司总经理有足够的激励作用吗？为此我们设计出一个独特的分红模式：股权与收益权分离，让出最大收益权，用分红权补足了创业团队的股权。假如新公司有盈利，每年是强制分红的，税后利润分成20%、30%、50%三个部分，50%的税后利润按照股权结构进行分红，让每个投资的员工都能即时感受到投资收益，这样才能及时激励，大部分人都会期待年终分红。

总经理至少有10%的股份，因此可以分到至少5%的税后利润。30%的税后利润留下来作为企业的滚动发展资金，投入再生产，20%作为管理团队的优先分红，这是管理团队的收益，20%的特殊分红里总经理可以拿到一半。因此，总经理是15%的利润分红，也就是凭借10%的股权享有15%的收益权，而我那25%的股权享受的年终分红是12.5%。创业公司总经理实际收益是这家公司收益最多的那个人，而且这还仅仅是总经理只有10%股份的前提下，如果他占的股份更多，收益比例就会更大。

这类似于以小搏大。这个模式的精妙之处在于，他们占有的是收益权，不是股权本身。这个模式也带有对赌性质，如果无法实现盈利，创业团队就无法享有额外收益权，所以创业团队在经营中就会保利润。

为什么两位创始人要持有50%的股权？

第一，这次创业是转型巨大的OEM制造企业开始做品牌，就像富士康要做苹果一样困难。而且新公司的运营资金有相当一部分是芬尼内部普通职工用家庭积蓄投资持股，这就决定了公司在这件事情上输不起，一旦新企业出现危难，损害的是所有基层职工的利益。所以新企业必须有"主人"，出现危难时，有人出来负责。

第二，在财务层面上，应该有明显的大股东，如果以后企业并购、重组，或上市融资，企业的股权结构应该有所侧重。投资人很多时候要看到有明显的大股东才会对投资的企业有安全感，不然万一经营出现问题，投资人不知道应该找谁负责。这是我在这个公司的股权架构设计之前，一些搞投资的朋友给出的专业建议。

创业这事不是一般人能干的，把最大的风险留给自己，把最大的好处分给大家，罪是自己受的，功劳是大家的。创业即使准备得再充分也像一场信誓旦旦的赌博，赌输了自己要顶着，真把兄弟们全都压趴下了人心也就散了，所以人心聚则事业兴，人心可以超越金钱、是非和规则。

创业成功不是因为你厉害

> 忍人所不忍，能人所不能。
>
> ——《天道》

以小搏大的游戏是设计出来的

假如你是裂变公司的总经理，会怎样设计整个公司的资金定量？很简单，年轻人创业的时候不可能太有钱，比如说他有100万元的资金，他要是做一个500万元的项目，他会拥有20%的股份；他要是做一个5亿元的项目，那他就什么都不是，比打工还糟糕。同样一个项目，500万元也是做，5亿元也是做，但创始团队在立项时会绞尽脑汁以使自己有限的资金获得最大的股份比例，从而降低整个项目的投资额度，也降低整个项目的风险，对所有的投资人都有好处。

创业团队也不会为了使自己有限的资金获得最大的股份比例而设计一个小规模的项目，因为进入决赛的队伍有三个，员工一定会把钱投给投资回报率最高、发展前途最好的团队。所以，创业团队在立项时就必须展现出足够的发展空间和远景才能博得选民们的信心，让大家觉得把钱投给他们是最值得的。

这种选拔的方式会不会出现误差，选出的创业团队能力较差最后导致创业失败？有这种可能性，但几乎不可能发生，首先参赛团队的老大必须自愿从积蓄中拿出至少 10% 的钱，这个规定便对员工做了第一轮筛选，选出了有创业精神的人。没有创业精神的人，你命令他来做这件事，他是做不好的，也不敢做，这就把大部分看似有能力，其实没胆识的人自动排除在外了。我认为，必须要他主动站出来，拿出身家性命来赌这件事，才是创业成功的根源。

最后选出的总经理几乎都是抵押了房产和近乎所有的积蓄才能凑足至少 10% 的股份，这时的总经理是最有饥饿感的。上台后自然会拼命，这种拼搏精神很大程度上保证了创业的成功，如果项目输了，我只是损失了一个公司，但是总经理输了，一下子可能就会回到原始社会。这种打击对创始团队是致命的，所以他们拼死也会赢，这种机制看似残酷，其实是为了选出真正的铁血团队，保证创业项目的成功率。

因为这种要求，创始团队要想赢得创业机会，用自己有限的资金操作一个规模较大的项目，唯一的办法就是倒逼自己设计出一个以小搏大的商业模式：如何利用社会资源，分享利益，主动去占用上下游的资金。

最后选出来的人就会具备最重要的创业素质：像饿狼一样的饥渴，学会使用空手套白狼的商业模式。其实历史上成功的案例都具有类似的形态：项羽在巨鹿之战的破釜沉舟等，多数人最后能够胜出都是因为走投无路，所以才会置之死地而后生。

把最优秀的人聚集在一起

PK 结束后，新任总经理在进行薪金设计时，给自己定的年薪是 5 万元。他原来担任的职位是芬尼海外部部长，年薪近 70 万元。这就是打工心态和老板心态的区别，打工永远嫌自己的薪水不够高，老板想的永远都是省钱。假如现在有一家新公司跟这个创业团队竞争，芬尼这边总经理年薪 5 万元，那么，从副总经理往下的工资都最高不超过 5 万元。另一家公司从大企业挖过来一个牛人，年薪 100 万元，副总经理年薪 70 万元，同样 1500 万元的投资，看谁熬得过谁？撑三年就知道哪家公司会赢。新企业在前三年很少有盈利的，但是撑十年的企业一般都是盈利的，其实很多时候，创业成功就是把对手熬死。

所以创业根本不是比谁厉害，而是比谁的生命力强。通过裂变选拔出来的总经理，就能忍受常人所不能忍，在资金短缺的情况下无中生有。很多时候创业成功不是因为老大很厉害，而是因为公司成本更低，资源配置更节约、更高效。他的生存空间就会比别人大，能够活得更久。

其实 PK 选拔就是选老大，只要领头人对了，一切都对了。因为一个优秀的领导者不会用孬兵，往往用最残酷的选拔选出的人组成的团队，就会很强势，不会受他人所挟制。

裂变的核心在于竞选

传统组织为谋求转型成立新的组织，带头人竞选制度是核心的核心，如果实施任命制，首先，他不一定愿意去，因为他不一定认为这个项目可行；其次，当新企业的项目运转失败时，一定会抱怨老板把自己当成炮灰，当成试验品，最后老板赚了个里外不是人；最后，没有经过竞选中反复打磨的模式必然不是最优模式。他自己争取的和你给予他的完全是不同的心态。裂变创业真正的核心就是竞选，抢肉吃的是狼，等肉吃的是狗，竞选总经理就是为了把最有野性的头狼选出来。

裂变创业的精髓不在裂变，而在竞选。真金白银的投票避免了徇私枉法和任人唯亲。员工平常的努力在于业绩和亲民，而不在于对上的阿谀奉承。不管你承不承认，所有领导提拔下属的习惯都是任人唯亲的，因为你认识的人是有限的，公司只要超过100人，你几乎不可能了解每一个人，其实每个人只对身边的几个人熟悉而已，只有用钱投票的选举才能避免人性的自私，让一群人的自私合起来替代一个人的自私。

不能说的秘密

如果细细体会，我们可以窥见一个项目的初始资金到底应该设定为多少的真谛。其实就两条：（1）把所有的相关利益者的资金都按比例放进去；（2）让创业公司总经理把整个身家都投进去。根据这两条，一个项目的总资金额就很容易计算出来。

为什么是这两条而不是项目运营本身的投资额？因为要打造一个利益共同体。通过公司之间核心员工的交叉持股，打通产业链所有利益环节，用利益捆绑所有人。

第二条起的作用就更为重要，其实裂变创业能否成功只看一条：

总经理是否把整个身家全部投进去。原来总经理的年薪是几十万元，如果失败他得从零开始，所以一个合适的资金盘子让创业带头人没有退路，但是也不要大到让总经理投不起。

所以我认为芬尼能裂变创业成功，并不是因为自己很厉害，而是我们设计出了一套完整的制度，所有的核心都是围绕激励机制在做，以强大的利益绑定充分调动各方积极性。通过制度设计，我们把最好的团队筛选出来，拿钱投票也能保障胜出项目的质量。由于大家共同的利益，组织才可以自生长。

员工的钱也是钱

花 0.4 元钱买价值 1 元钱的东西。

——巴菲特

不需要监管的失控

很多传统企业都采用过合伙人制，但是传统合伙人制有一个最大的痛点就是信任的博弈，大股东到底是监管还是不监管？如果监管，那么总经理肯定认为大股东对自己不信任；如果不监管，大股东心里担心总经理在日常的经营中会捣鬼。最常见的情况是，总经理吃回扣或者开一家上游供应公司，老公司作为天使客户高价采购新公司的产品等作弊的方式让大股东防不胜防。所以，中国的合伙人制基础是不稳固的，本身就存在一个大漏洞。

但是我们设计的体制可以避免这种漏洞的存在。首先，制度规定创业公司的总经理是可以自己定待遇。往往给他这种权力的时候，他会给自己定的待遇比较低。因为总经理最主要的收入是 20% 管理层分红中的部分，这就决定了总经理一定会降低成本、保住利润。只要老大待遇低，其他人的待遇就不会太高。所以在待遇方面不需要监管，股东和管理者对利润诉求的目标是统一的。美国硅谷最成功的投资人，贝宝公司的创始人之一彼得·蒂尔说过，创业公司成功的保证之一就是经营团队的低工资、如果创业团队收入定得过高，会存在遇到经营风险时为了保证自己的高收入而向股东隐瞒业绩，这时整个公司的风险就会上升。所以对待创业团队，一定是低工资，高分红，这样才会与股东的利益统一。

在我们设计的机制下总经理不会存在贪污、吃回扣的情况。因为总经理的收益最多，每赚10元钱，总经理最少的收益是1.5元，而我固定是1.25元。所以总经理每贪污1元钱自己损失得最多，他根本就没有贪污的必要。大家知道，行贿一般是对高管行贿，哪有人敢对老板行贿的，除非是脑子有问题。

很多情况下，老板为了监管，通常会派老板娘管财务，因为老板娘是最可靠的人，最后总经理就会很痛苦，因为报销问题会和老板娘不断产生摩擦。假如一家企业的餐费报销最高限额是1000元，但是重要的客户来了，单是酒水费就不止这些钱。这时候总经理就很为难，无论什么理由老板娘都会质疑总经理是不是存在奢侈浪费。老板娘可能是最称职的财务总监，但不是好的合伙人。

同时，这个方法无法推广，只有一个公司，可以派老板娘去，如果开10家公司呢？只有一个老板娘肯定忙不过来。所以企业老板经常和下属发生冲突很大程度上是因为没有安全感，想用伦理实施监管。

这也是为什么中国传统的"家文化"会在企业落地，因为只有当员工变成"家人"的时候老板才会放心。

裂变企业根本就没有监管的必要，其实总经理最痛苦的就是监管。中国有句古话是，用人不疑，疑人不用，信任是给他最大的权力。不监管就是最好的监管，因为有制度，不监管也会自行运转。而且总经理带领的团队都是股东，他们投入了本钱肯定也会互相监督，这就是员工投资的好处，每个人都会当成自己的事情不允许别人玷污。

我非常不理解的是很多企业老板，喜欢把他的酒肉朋友，喜欢把外面跟他没有任何关系的投资人变成合伙伙伴，就是不愿意把他的员工变成合作伙伴。员工跟老板朝夕相处，为老板拼命，为什么不是他们呢？员工拿来的钱难道是纸吗？员工拿来的钱也是钱。员工为什么不能成为合作伙伴？难道他们天生就应该一辈子低人一等，永远当普通员工吗？

管理人员的低离职率

员工的钱不只是资金，而且还是员工自我稳定的筹码。对于任何企业，员工的流动都是一个大问题。最根本的原因是老板和员工是简单的雇佣关系，反正对于员工来说，打工嘛，东家不打打西家。但是，员工如果把自己的钱投资到一家公司就会不一样。

员工自愿投资后就不会总想着跳槽，心定则行为定，行为定则专注，专注则强大。在芬尼平台上在任何一家公司工作三年以上的员工几乎没有离职的，尤其是部门主管，离职率近乎为零。原因就是工作三年以上可以成为裂变公司的股东，芬尼用利益去捆绑所有的节点，用群体利益留住了群体的心。

把投资变成一种福利

因为只有有限的人能够投资入股，员工投资就不只是自我稳定的手段，而变成了一种福利。除了裂变大赛外，我们还设计出两种方式给予员工投资的机会。

1. 虚拟股份

虚拟股份是对裂变创业制度的一个补充，是芬尼设计的一项员工激励制度。由于新公司成立的时候，创业元老只有几个人，其他股东主要是芬尼公司原有的老员工，大部分并不在新公司工作。随着企业的发展，越来越多的员工进入新公司，但是这些新员工是没有新公司股份的，他们也需要激励，虚拟部分参与群体是入职三年以上的员工。单笔资金额：最少1万元，红利来源：公司按当年净利润的10%作为红利在全体持股员工中进行分配，芬尼保证最低的红利分配率为10%，根据公司盈利计算分配率，超过10%的按实际计算，不设上限。

这里面影响红利的关键指标：净利润，公司的财务总监每年年底都会把分红的明细当着所有投资者的面公开,并且注明如果想要退回本金,请在几号前提交申请。如不提交,就自动认为是继续在下一年参股。

这个持股计划有个好处就是只占有虚拟股份,享有分红权,不占有实际的股份。员工通过投资获取高收益,而且在工作中明确以纯利润为核心目标,自然会杜绝浪费、提高效率。对于企业来说,降低了融资成本,把本来需要对接银行的融资换成了发给员工的福利。用员工的钱创造了效益,再分给员工一杯羹,一举三得。

2. 爱心基金

芬尼的爱心基金计划开始于 2011 年 3 月,主要目的是帮扶困难员工,尤其是医保不能完全覆盖的部分,同时兼顾理财。盈利来源是芬尼平台内部各个分公司拆借,以高于银行贷款利息计算报酬。收益分配原则:20% 捐赠,80% 向基民分红。年收益:10%。核心的原则是资助困难职工,按先基民,后职工,再社会的次序资助。

爱心基金是芬尼让员工参与内部公共事业的一份福利,在保证盈利的前提下参与到公益事业中,形成集体价值观。爱心基金也成为困难职工的坚强后盾,是除了社会保险和商业保险以外的一份保障。以前,当员工有困难的时候,尤其是得大病的时候,通常搞企业募捐活动,就是从领导开始,一层层捐助,越往下捐得越少,最后就成了面子工程,大家是因为不好意思而不得不捐。爱心基金解决了这个问题,首先本着自愿的原则;其次是公益常态化,单独成立一个组织把公益做成专业和常规；最后是盈利，虽然是献爱心，但是只要涉及资金和员工的利益必须享受收益，这样员工才会积极参与。

裂变创业的投资是把公司骨干以上的管理者用钱捆绑在一起，是股权激励，属于最高级别，收益最大，风险也最大。虚拟股份是使公司内部普通老职工的利益最大化，所以用比银行存款高几倍的收益让员工有投资回报，收益和风险居中。爱心基金没有门槛，面向所有员工，让新职工有入门级的投资，回报率也不低于银行利息，而且多一份保障。所以三种投资的功能面对的群体不一样，达到的效果都是一样的，都会增加员工的积极性。而且从一名新员工开始，他的投资权限和回报率是不断递增的。这时，投资的价值就会被放大，大家会挤破头似的争着投资，投资自然而然就变成了一份福利。

企业的基层员工离职率高，就是因为员工的钱没有放进来，如果他的钱进来他就不会跑。芬尼愿意用比银行利息高的融资成本让员工投资，是因为可以稳定员工。我们认为，只要加强员工自我能动性，这点利息差赚回来是很容易的。

把员工的钱融进来之后，除了可以加强组织团结、充分利用资金外，还有一个最大的好处就是财务公开。芬尼三种内部募资的方式涉及股东的方方面面，不得不公开财务，让每一类的员工都能了解芬尼的每一分钱花在哪，包括所有人员工资都是公示的，这就保证了财务公开透明，最终做成了阳光企业。

芬尼基本法

> 我能保证自己做一个好总统，但不能保证以后所有的总统都是好人。
>
> ——华盛顿

体制决定组织长期竞争力

裂变创业让芬尼的平台快速扩张，内部良性竞争，企业保持高活力，而且员工上升的空间也很大。从2006年至今已经成立了9个公司，每年都有新的事业部在孵化期。当我把芬尼裂变式创业的案例在中欧国际工商学院的讲台上分享时，很多同学就提出了质疑，他们说裂变机制存在bug，选上的这个总经理就算当时很优秀，过几年落伍了你怎么处理，以前撤了就是了，现在你把职业经理人变成了大股东，撤起来就不那么容易了。这个问题真正问到了痛处，在裂变机制设计中，并没有包括总经理撤换的内容，而且股东级的总经理不是说换就能换的。我也开始苦恼应该怎么办，为此我在2013年通读了美国宪法，学习美国人是用怎样的制度进行接班人的更迭。

美国在接班人机制的设计上极为制度化，甚至连领导人的突然死亡都纳入了制度管理。美国所有的总统宣誓就职以后在很短的时间内，都必须写一个葬礼计划，对葬礼形式、衣服颜色等事无巨细的内容都囊括在内。美国宪法里面明确规定，总统突然在任期内去世了，副总统应该按照什么程序来继任。这样就可以做到两点：第一，保证政权更替的连续性和稳定性，不会因为总统的死亡使国家的体制和政权发生变化；第二，在葬礼上要体现统一的美国精神。保证美国的精神是连续的，权力的继承是稳定的。

　　所以稳定的组织一定是高度制度化的组织，每一步的新陈代谢都有机制的保证，体制才是决定组织长期竞争力的保障。制度化的接班人方式对在位者也是一种尊重，人生的精彩不在于登台亮相，而在于谢幕时华丽的转身。

创始人要设立组织基本法

　　2014年1月1日，芬尼实施基本法，规定公司总经理为五年一大选，大选获胜可连任，但最多连任一届。明确规定了在企业一把手的位置上，任何人不能在同一个公司连续任职超过十年，卸任的总经理可以参与芬尼其他平台公司的竞选。

　　颁布此项基本法后，芬尼又酝酿了两个侧翼来配合基本法的运行。

　　第一项，准备成立"隔代学习班"。这是我进入湖畔大学后，马云校长分享给学员进行接班人梯队建设的建议。隔代学习班的核心理念是把低层级的年轻干部或优秀员工进行集中培训，保证在大选时有大量优秀的候选人进行竞争，不至于无人可选，让隔代竞争冲淡层级的亲疏，避免候选人中充斥大量的"近亲"关系。

第二项，成立弹劾委员会。委员会成员由数名股东担任，委员会的任务是监控分公司的业绩指标，如果管理团队在第一年完不成指标进行警告一次，如果连续两年完不成指标，便有委员会提交弹劾总经理的申请给董事会，由董事会投票把总经理撤掉，进行新一轮总经理的竞选。成立弹劾委员会，就会把监督的目标变成对事不对人，委员是股东肯定会尽职尽责，而且也分解了创始人与管理团队更换的直接冲突。

为了把接班人机制制度化，我花费了不少心思，中国传统文化习惯的是集权和终身。权力的诱惑可以让一个人失去理智，中国历朝历代的夺嫡之痛总会让组织四分五裂，皇位的每一次更迭，国家都要经历一次大的震荡，所以干部终身制的恶果是大家都能看到的。我自己如果不设立接班人的机制，以后可能就没有人能做好这个事情，就像美国的宪法是华盛顿设立的，一定是创始人才有威信来做这个事情。

革命先革自己

这项制度能否推行的核心只有一条：创始人是否遵守，我在基本法中声明，包括我自己也遵守此项制度。其实我对10年后会不会退位心里并没有底，只要是人难免经不住诱惑。但为了不给自己留下退路，就提前公示，这是以身作则的需要，也是让社会监督自己，用舆论和公众的力量逼着十年后的自己就范。创始人如果真的有决心，接班人制度一定能够实施，而决心最大的体现，就是白纸黑字的交给公众。如果我不遵守，这本书也就成为声讨我最好的证据。

芬尼基本法从制度上保证了：

（1）至少五年一次小变革，十年一次大的变革。因为总经理想要连任，所以在五年一换届时会推出新的政策。而十年后新总经理会给企业注入新的基因，保证企业跟得上时代的脚步。

（2）领导人有危机感和被监督感，减少衰退，防止腐败。在任的总经理平时的行为更趋于业绩和亲民，减少私心杂念，把精力聚焦在企业的发展上。

（3）总经理的定期变更变成了制度，减少了不必要的内部争斗。贪恋权力会让在位者心有旁骛，出让权力面子和心理上承受的包袱过重，必然把权力死死攥在手中。定期变更让领导人下台形成常态化，当每个领导者干满任期都要走时，每个人的心态会更加平和。

（4）接班的时候不会没有选择，提前培养候选人。既能激励在位的总经理，也不会让组织后继无人。

按这个制度计算，我退休时的年龄还不到55岁，现在已经开车穿越了近50个国家，到时候就可以专心干这个事情了。

第三章
第三次裂变
——选人

参加大赛，思考人生

20岁有人愿意带你，愿意把一生的本领传给你，这就是成功。30岁有人愿意用你，把什么事情交到你手上，事情不会办砸，这就叫成功。

——罗振宇

传统人才进阶的悲哀

自古以来，中国的人才选拔制度就与传统文化密不可分。随着时代的变迁，草根阶层的上升通道虽然越来越开放，但是筛选的底层逻辑依旧没有变。最早的世袭制是以出身来定一生的尊卑；汉代开始的察举制是通过推荐决定人才晋升的高度；从隋唐开始，科举考试便成为最普遍筛选人才的方式。这三种方式都有相同的基本面：

第一，重结果，不重过程。

第二，自上而下的选拔。

第三，以点对面的筛选。

无论是世袭制、察举制、还是科举制，都是结果决定论。出身、推荐人、考试成绩是决定人才进阶的唯一方式，除此之外别无他法。并且选择的方式都是高层级决定低层级，父亲的职位决定儿子的命运，最高权力拥有者决定普通大众的生存方式。最有代表性的是一两个主要负责人会决定所有参选者的输赢。这种选拔的方式不但存在徇私舞弊，最重要的是会错过很多优秀的人才。其实选择过程本身比选择的结果重要，随着企业单体组织不断地增大，企业老板再想通过了解身边每一个人的能力和心性变得几乎不可能，通过举荐有可能让下属任人唯亲，如果是单纯的考试，很有可能漏掉真正有潜力的人才。

所以用人民币投票竞选的方式产生了一个很重要的作用——对公司人才的识别，就算这个年轻人没有成功，没能在比赛中获得第一，也能让公司决策层看出来哪些人是比较优秀的，有想法的，这些人就是重点培养的对象。通过创业大赛，老板相当于对公司的人才做了一次很好的梳理，未来该提拔和培养谁会很清晰。因此创业大赛也成为公司各种人才展现自己才华的舞台，大家参赛的积极性很高。民主和公平不是企业追求的选拔结果，而是通过民主和公平能够让企业不要漏掉任何一个可以使用的人才。

竞选的过程能让你看到公司的秘密

每一次裂变大赛从发出公示到最后的决赛大约持续一个月的时间，在这一个月的时间里，我基本哪里都不会去。在这一个月能够观察到比选拔现场更有价值的内容：

组队

第一，观察哪些人出来担纲，自愿出来做老大的人是最具有勇气和魅力的，这是做领导者的前提，这种员工不管比赛成绩如何，都应该作为重点观察、重点培养的对象。

同心协力闯赌坛
花前月下谋策略
顺应天下产品强
赢了赌局做土豪

第二，在这种时候，下属不会因为你原来位高权重而跟随你，很多平时看不到的东西会显现出来。因为如果创业成功，跟随的人可能有鸡犬升天的机会，所以大家跟不跟你就说明很多问题，你可能会发觉平时某些很牛的领导在这个时候居然没有像样的团队成员跟随，或者根本就不敢参与竞选，这说明他的领导力可能是假的，是你赋予他的权力，这样的领导人以后要重新审视。你也可能发现某些平时不显山露水的员工组成了很有战斗力的团队，这说明他是被你忽视的人才，这样的员工不管结果如何，要重点培养。

抢人

准备竞选期间，是允许互相挖角的，你会发觉有些人大家都抢，有些队抢不到人。例如张三今天在 A 队，明天被挖到 B 队，过几天又有人挖他，是每一个组都抢的人，这说明什么？这说明他具有突出的技能和好的人际关系，这种人无论比赛结果如何，都应该要提拔。而李四到处想入队，但是哪个队都不想要他，李四这种员工就是有问题的员工，详细考察后根据具体情况可以调整岗位或者裁掉。

抉择

对于队员，抉择是很大的挑战，好几个队要我，去哪里？这考验一名员工的眼光和心态，抉择是一门艺术。如果选择一个强队，可能就排在最后，连表现的机会都没有。如果选择一个弱队，至少是二把手，最不济也能上台让大家认识自己，就算这次没机会也为下次竞选建立了群众基础。选择实际上考验一个员工的智慧和是否具备长远的眼光。有一个真实的例子，在一次大赛中，某团队进入决赛，团队老大主动让贤甘居老二，他从未进入决赛的队中吸收一个人当老大。因为他非常清楚，团队赢很关键，但是他认为自己没有那个能力，如果队伍输了自己什么都没有，如果换一个人当老大，团队赢了自己最起码是个副总经理。对这种有远见、有战略眼光的小伙伴一定要提拔。

学习

竞选前，肯定会掀起学习的高潮，例如产品、财务、营销等。这解决了传统企业组织培训的一个痛点。最常见的企业内训，除了打瞌睡和应付公事外几乎是收效甚微，主动学习和被动吸收的效果是天壤之别。尤其是财务，一般情况，没有几个项目带头人是懂财务的。但公司运营中，总经理懂财务非常重要，团队老大要从产品属性、财务分析、营销策划等多个方面来诠释项目思路，要想掷地有声、有理有据就必须符合逻辑。所以整个团队在写项目计划书的过程就是快速学习的过程。这个时候的学习就没有得过且过和自欺欺人，因为决赛时评委提出的任何一项质疑都有可能让台下的选民失去信心。

换血

换血制度不是一开始就有的，我发现每次大赛都有不少优秀的员工没办法进入决赛中展示自己的风采，就像姚明很优秀，但永远得不了世界冠军，因为中国队不够强。裂变大赛也是一样，因为在预赛中，厉害的人一般都在当项目带头人，这样就导致其实每个队都没有特别多的顶尖人才，每次只有四个队可以进决赛，这就导致大量像姚明这种个人能力强，但是团队不够强的人进不了决赛，这就是换血机制的由来。

预赛时每个队6人，进入决赛的队伍，必须淘汰2个人，然后在输掉的队里吸收4个新人。

这个规则的设定是考验领导者的狠劲儿，当老大既要善，又要狠，在关键时刻当断不断，反受其乱，所以在该狠的时候要敢于自残。还有一个很重要的方面是组建最优质的团队，吸收新队员可以让进入决赛的队伍把初赛被淘汰的其他队的优秀队员吸纳进来。第一，这样才可以组成最强的队伍。第二，以前是对手，现在要变成一条心的兄弟，实际上也考验了老大的心胸。所以选择进弱队不代表没有机会，由于在弱队中比较容易崭露头角，所以最后反而可能会被最强的队伍吸收。

讲演

最后是讲演，没有口才的总经理是不称职的。芬尼规定，团队的老大一定要亲自上台讲演，如果自己因为口才不好让别人替自己讲演，那就让能讲演的人当总经理。在自媒体时代，广告失效，团队的领袖必须有能力站台，为自己代言会成为新的企业人格化特征，如果你的口才不好，那么在今天就不适合当领袖。

意外的收获

其中一届裂变大赛结束后，有个小伙伴告诉我：虽然自己输了但是很兴奋，因为下台后公司有三个女孩轮流追他，所以男人最有魅力的时候是站在舞台上的时候。

最后能够选出来的人一定是最彪悍的"匪首"，创业大赛就是选老大，不是选团队。就像美国选举一样，只选总统，最后根据总统的意愿再组建自己的内阁。所以无论进强队还是进弱队，最重要的就是要争取当老大。

当企业因为内部 PK 无形中树立起人人想要变得更好的价值观时，害群之马和无能之辈是被自动过滤的，所以传统企业老板不要总抱怨自己没有优秀的员工，而是因为你没有创造一种机制，营造出员工自我迭代和自驱动的氛围。

裂变创业大赛

把团队与时代绑定

罗振宇在他的自媒体中说："20 岁有人愿意带你，愿意把一生的本领传给你，这就是成功。30 岁有人愿意用你，把什么事情交到你手上，事情不会办砸，这就叫成功。"所以对于年轻人而言最重要的不是过早的成功，而是不断自我迭代，保持与时俱进。

企业转型涉及两方面的问题，一个问题是战略，另一个问题就是组织。正如小米的投资人晨兴资本合伙人刘芹所说，小米的成功，不仅因为设计了新的商业模式，还因为它有强大的组织能力。

传统企业如果想要调整企业发展战略，组织就会变得不相匹配，内外割裂，会产生很多矛盾。这时怎么办？转型组织需要孵化出一个新的组织来匹配新的战略。新战略是否可行是未知的，前途未卜，这时战略的可变性、组织的灵活性、创业团队的冲劲儿占据了成功要素的极大部分。这时团队素质跟未来的成功是高度绑定的。

在互联网时代，所有组织的迭代周期变得越来越短，应急性战略的制定是企业转型中最重要的组织能力。应急性战略是企业经营一段时间后，因为环境发生变化随之而变所制定出的战略。在大变革时期，企业必须永远向远方看，看到三年以后，抬头看了路之后是低头走路，走了一段路，再抬头看，发现方向偏了要调整，目标变了要重设，但还是要抬头看三年之后，再继续往前走。

因为应急性战略很重要，团队的能力，主要是战略思维能力，就很重要，而管理能力不是最重要的。芬尼的激励机制不但把团队的利益跟未来的结果深度绑定，也把团队跟这个时代绑定了——激发出了团队的主观能动性之后，他们一定会主动设计出适应时代的应急性战略。

组织转型首先要转变战略，再调整组织，但战略本身也在变，组织也在持续进化，需要在动态中不断地调整，越动态就越难通过外在的指标来约束，母公司领导不可能给创业团队设定一个规划和路径，说你们这么做就行了。持续的动态调整一定是创业团队自发完成的。用一套机制把他们内在的能力和动力充分地激发出来，这是芬尼在做的事。

在一定程度上，转型就是赌未来。你愿意把赌注押在哪里，是押在人身上，还是押在资源上，或押在资本上？芬尼选择把赌注押在人的身上，让人来根据环境变化调整资源，用于他们觉得有未来的方向，所以裂变大赛不只是一个选人的方式，更像是一个培养人的过程，让更多人才通过内驱动的方式挑战自我极限，释放最大的潜力。一个企业能够走多远，起决定作用的除了人，还是人。

不存在能力强但没有钱投资的人

机遇只偏爱那些有准备头脑的人。

——路易·巴斯德

99% 的年轻人没有投资能力

传统企业学习组织裂变通常会遇到一个困惑，公司内部虽然有能力很强的员工但就是没钱投资，连几十万元都拿不出来。在芬尼，一般员工入职至少三年后才能参加裂变大赛，因为不管在哪个岗位，你都需要时间去树立威信。正常的情况下，3～5 年攒 20 万元绰绰有余，如果这些钱对于一个年轻人都是天文数字，要么是这个公司收入很低。收入很低的公司不要启用裂变创业，因为收入低的企业养不起人才。要么是这个年轻人不会理财，挥霍无度。如果选一个连个人理财都出问题的人当总经理本身就存在巨大财务风险。

最常见的一种情况是这个年轻人要买房，手里的现金被固定资产占用，所以没有钱投资。我认为通过买房也可以判断一个年轻人是否具备创业素质和投资能力。

成为一个企业老板的前提是首先要分清什么是资产，什么是负债。资产是能把钱放进你口袋里的东西；负债是把钱从你口袋里取走的东西。世界上绝大部分人在钱的问题上挣扎是因为大部分的人把负债当作资产。负债和资产唯一的分界线是流动性，也就是资产变现的容易程度：流动性好的东西，例如现金、存款、股票、余额宝；流动性不好的东西，例如房产、汽车。一旦资产变现出现困难，就会形成负债。

如果你想变富，就不断地买入资产。如果你想变穷，那就不断地买入负债，但是绝大部分年轻人把负债当成了资产，例如买房。

房子是资产吗？

房子可以是资产，也可以是负债。那如何利用房地产赚钱？例如2009年，你大学毕业25岁，想买套房子，好不容易老爹支持50万元付个首付，结果从此之后就变成一个房奴。

如表一所示，通常情况下，年轻人选择买房，大多数人会选择买郊区的大房子，几乎很少的人会选择买市区40平方米的小房子。如果这是一次投资，同样都是花60万元，五年后的差距有多大！首先是市区的房子比郊区的房子总价值高了39万元。如果房子用来出租，五年内市区房子比郊区房子多产生了39万元的现金流。都是60万元的投入，资金回报率相差近一倍。

表一　市郊区房子收益对比（2009—2015）

单位：元

	房子 A	房子 B
地理位置	市区	郊区
面积	40 平方米	150 平方米
2009 年购买单价	15000	4000
2009 年购买总价格	600000	600000
2015 年购买单价	36000	7000
2015 年购买总价格	1440000	1050000
2015 年月租金	4000	2000
五年利润	840000	450000

仔细观察表二的差距就更大，以芬尼为例，办公地址在郊区，住宿舍的花费为每月 100 元。如表二所示，买房自己住的人都是负债。凡是出租出去的都是资产，收益最大的方式是自己住宿舍，把市区的房子租出去。

我认为年轻人正确的买房选择是：选择位置好，容易转让出租的房子购买；自己住在离公司近的地方；钱不够的时候，能贷款就贷款；千万不要住在自己的房子里，金饭碗是拿来挣钱的，别自己坐在里面。

年轻人最常见的错误：（1）借款买个大房子，事业还没开始先背上了负债，心里压力很大，生活很苦；（2）认为自己的房子才是家，受中国传统文化熏陶的年轻人总是因为一套房子在啃老和当房奴中间徘徊；（3）一工作就准备买房子，占用现金流，遇到机会没有钱投资。

表二　市郊区买房自己住与出租的收益对比（2009—2015）

单位：元

2009年买房	租金	交通支出	管理费	租金收入	月收入	性质	感觉	年收入	2015年卖房	五年结果
郊区买房子自己住	0	0	100	0	-100	负债	自己的家	-1200		-6000
市区买房子自己住	0	2000	120	0	-2120	负债	自己的家好小	-25440		-127200
市区买房子出租、自己住宿舍	100	0	120	4000	3780	资产	不是家	45360	卖房子	1066800
市区买房子出租、郊区租房子	2000	0	120	4000	1880	资产	家的感觉	22560	卖房子	952800
郊区买房子自己住宿舍	100	0	100	0	-200	负债	不是家	-2400	卖房子	438000
郊区买房子出租、自己住宿舍	100	0	100	2000	1800	资产	不是家	21600	卖房子	558000

中国的年轻人在大学毕业五年后就能分出层次，十年后总有一部分人不愿意参加同学聚会，因为他们穷得不好意思，而这本质的区别就是在开始的时候会不会使用资金。市区买房子出租、自己住宿舍和自己在市区买房、自己住的月收入差距5000多元，这就相当于多赚了一份收入，最关键的是，五年后遇到机会可以变现100万元投资自己做老板，所以资产一定要保持流动性，这样才能在关键的时候把握机会。而买房自己住的人是很难变现的，一旦遇到机会却无法卖掉自己的住处，大多数人迫于家庭的压力而选择放弃机会。人与人的差距就是这样一步步拉开的。

所以我时常告诫身边的年轻人，买房子要看现金流，现金流少的人不适合买房。如果要买房，就要买好的地段，越好的地段越容易变现，入住率不高的地段即使再便宜也不要买，因为租售都很难，买了就是负债。生孩子晚点好，因为孩子最耗费精力和现金流。如果工作的地点是市中心，一定要在附近租房子，不要图便宜在郊区买个房子，每天花两个小时在地铁里度过。每天的两个小时非常珍贵，如果每天比别人多两个小时，人生就等于多活了十年，可以干很多有价值的事情。而且房地产总会遇到低潮，有理想的年轻人不应把金钱和精力投入到房产。

把钱投资在自己身上

在万科年会的讲演上，我告诉万科的年轻人，如果手里有一笔钱千万不要去买房，如果有理想、有激情，就用这个钱去创业；如果不是创业的料，就跟着能创业的人投一点到自己的事业中，那样就会有一个精彩的人生。搞房地产的朋友也不要恨我，其实当我们创业成功后，发现除了房子，其实也没什么好买的，花钱买得最多的东西基本上还是房子……

年轻人之间财富的差距在于会不会用钱。不会用钱的人怎么能当一个好的公司带头人呢，这种人即使再努力也成不了一个好老板。

还有一种年轻人会喜欢把金钱和精力投资在社会关系上，例如在很年轻的时候就去读商学院的EMBA，想去连接更多的社会资源。结果去了之后才发现，根本融不进那个圈子。当自己还不具备一定能力的时候去连接比自己高很多层级的人几乎不可能，因为大家不在一个水平线上，很难产生共鸣，你不知道别人的游戏规则，自己也没有资本玩，所以别人玩的时候就不会带着你。

最聪明的年轻人会把钱投资在自己身上，在某个领域当自己的势能足够强的时候，所有的金钱、人脉、资源都会主动跟你靠拢。所以真正具备创业能力的人一定清楚地知道自己想要什么，在遇到机会时早已做好准备。我相信能够创业的人只有可能做错，但是永远不会错过。

创业型员工的招聘秘密

目前裂变创业的企业都还活着,除了运气,另一个原因是创业者的选拔是千里挑一。

——宗毅

老板必须亲自招人

今天企业怎么选人？中国教育体制培养出来的学生，专业不重要，因为不管学习什么专业，对企业来说都要重新培养；成绩不重要，成绩再好进企业以后都要重新学习。

主动、创意、理想、胸怀、口才、多才多艺才是企业要考核的能力，现在很多人学习裂变创业，但是不得法，或者太急，其实裂变创业是一个系统工程，要从选材和文化建设做起，就像你想种一颗大豆，口袋里的种子全是绿豆是没希望的。

这个时代，那些不被正统教育重视的能力往往才是关键，这个时代就看谁混搭得漂亮。所以芬尼对人才选择特别重视，我有一项雷打不动的工作就是亲自去大学招人。为什么老板要亲自去大学招人，而不是派人力资源部经理招人？首先，老板去学校招人会让学生们感到这个企业比一般公司更重视人才。最重要的是，创始人可以在台上做一场生动的讲演，把裂变创业的发展路径分享给台下的莘莘学子，这时但凡想要创业的学生听完讲演后都会递上简历。

我在每次讲演的过程中，从来不会提每个岗位的年薪是多少。如果靠年薪来吸引人才，那招来的都是看钱的人，这种人只能一辈子打工，不是我们想要的。我会把做生意的思路和裂变的机会讲给大家听，这时报名的人不是冲着钱来的，而是真正想要做大事的人，真正优秀的人才相对于金钱更看重机会。所以传统企业不要总抱怨自己没有人才，中国有多少传统企业老板是每一场都亲自招聘的？又有多少老板会真正提供机会吸引优质人才，大多是用薪水勾引，把人哄过来先给自己干活再说。

成功是因为千里挑一

我每年会在高校举办至少十场讲演，每一场的人数是1000人左右，听完讲演后至少有一半的人会递上求职简历。每一场讲演时芬尼都会派至少10个面试官，500人的求职者当场选出20人，这20人进入公司，三个月试用期过后淘汰一半。剩下的10个人和其他九场通过选拔的90个人在三年后参加裂变大赛，最终只有一个人胜出。

中国的创业成功率是2%，而芬尼选拔裂变公司总经理的比例大概是千里挑一，如果这样选出来的创业者再失败那是天理不容，这就是科学。同理可证，中国的富二代为什么很难创业成功，就是因为选择接班人的基数太小，富一代最多生五个儿子，而芬尼的选择是一千比一，如果这两个年轻人成为对手，结果可想而知。

企业要想选出优秀的人才，基数就要足够大。就像漏斗一样，粗口要足够大，选择的余地才能广，细口要足够小，才能把劣质的过滤掉挑出最顶尖的人才。

平台创业比独立创业胜算高

没有创业经历的年轻人,多数内心会面对这样的纠结:"反正都是创业,为什么要在芬尼的平台上创业?自己独立创业,100%持股不是更好。"

我认为,平台创业的成功率远高于个体创业。

(1)对外界统一而强大的企业形象和品牌优势是个体创业者不具备的。一般小企业刚成立时都没多少钱,无论是硬件和软件都不会太强,所以在外面谈判时心里总觉得没底。但是大企业就会不同,无论是接待客户,还是洽谈订单,有实力的品牌形象都会增加成交率。

(2)人力资源的支持。去大学招人的时候是集团的形象,我作为"集团总裁"的魅力一定大过一个普通的个体户老板,招到人才的优秀程度也会不同。

(3)资金的支持。平台有实力提供可以拆借的资金,个体公司往往刚开始在银行没有信用记录,很难贷款。

(4)服务部门的共享可以降低孵化成本。新公司成立时,一定是尽量节约成本,但是人力资源、行政、财务等职能又必不可少。平台创业就避免了这个问题,服务部门刚开始不需要设立,平台包办,这样新公司的带头人可以把有限的资金和精力聚焦在产品和营销上。

(5)处理公共关系的优势。统一的平台组织与政府的斡旋能力更强，个体企业老板在处理公共关系的时候往往都会有掣肘，因为年轻人不懂得怎么与政府打交道。

（6）创业老手护送起步，平台创业使得裂变创业公司一开始就有勇气挑战强敌。因为是平台上孵化出的新公司，背后有一个强大的支撑，就可以在战略上布局更深远，不至于在刚开始的时候就陷入以战养战的窘态。很多小公司成长慢就是因为长期资源不足，每次遇到好机遇想快速发展的时候不是缺钱就是缺人。在这个快鱼吃慢鱼的时代，跑得慢注定会被蚕食。

传统企业转型，一定要启用最优秀的人才，乔布斯也说，一名优秀的员工可以顶 50 名平庸的员工，不是说一个人可以干 50 个人的活，而是他可以影响到很多人。优秀的员工只要告诉他要做什么事要什么效果，他就会想办法搞定。越是出色的人越善于在缺乏条件的状态下把事情做到最好，越是平庸的人越是对做事的条件挑三拣四。

而且组织形式一定要使用大后台，小前端。后台资源的支持力度要大，但是不要参与具体的经营，前端的人数要精练，个个顶尖并保持自身的灵活度。只有这样，组织才会有活力，而且会吸引源源不断的创业人才。

厉害的将军都是杀出来的

打仗，光靠地广人多没用，打仗的输赢全看你是狼不是羊。

——《狼图腾》

创业者热爱与风险为伴

尼采有句名言："杀不死我的，只会让我更坚强。"正如人体骨骼在负重和压力下反而会越发强壮，谣言和暴动在遏制和镇压下反而愈演愈烈一样，我们生活中的许许多多的事物也会从压力、混乱、波动和动荡中受益。塔勒布在《反脆弱》一书中所定义的"反脆弱性"，是那些不仅能从混乱和波动中受益，而且需要这种混乱和波动才能维持生存和实现繁荣的事物的特性。创业者最需要具备的素质就是反脆弱，面对危险不是恐慌而是兴奋，所谓富贵险中求，能不能成功往往就在于敢不敢迈出第一步。

创业者是最愿意承担风险的人，本身就带有赌的性质。我感觉自己就是个赌性很强的人，如果你愿意拿身家性命来赌你相信的事，那么我就愿意拿出自己的钱来陪你玩。

芬尼有个赌局的案例，就是大家一起赌销售业绩，通过下注选出销售部门的带头人，迄今为止赌了三个项目，两个50万元的赌局，一个100万元的赌局。任何一个工作满三年的员工可参与赌局，额度分配原则由公司董事会根据对项目的贡献度、年度考核、职务、工龄等综合评价后做出分配。销售团队成员必须全部参与，带头人参与额度必须超过总本金的15%，其他项目组成员合计参与额度不低于总本金的15%，部长及以上职位员工必须参与。

当时这三个项目要任命三个项目组的组长,根据大家下的赌注来决定谁坐项目经理的位置。这时就算一个员工资格很老,如果没有人赌他,他也不会有话语权。我后来发现这种方法特别好,能力不行的老资格自动跳离,他也不会有什么怨言。

比如,芬尼的某个项目去年做了1亿元的营业额,产生1000万元利润。今年因为人工等各项成本的提升,如果想再产生1000万元利润,营业额就要做到1.1亿元。于是,芬尼展开了一个1.1亿元营业额产品经理的竞选,有一大堆人参选,怎么选呢?芬尼开了个赌局,大家一起来赌100万元。假设有个人拿5万元来赌,他觉得参选的小张好,那就押小张。如果小张今年完成了1.1亿元的营业额,到年终他这5万元就拿回去,没输没赢。如果小张做到1.2亿元,那么5万元变成7.5万元。那如果做到1.3亿元呢?5万元就变成10万元。因为公司算过营业额每多1000万元会多出多少利润,公司拿一半出来分给你。如果小张今年只做了1亿元的项目,这5万元就变2.5万元。如果只做了8000万元,对不起,你的钱没了。这种回报和惩罚非常刺激,投票人会很认真地分析小张或小马、小李,选出一个最优秀的人来做这个项目。参选者小张也一样,必须拿最大的赌注来干。芬尼规定竞选者必须要赌5万元,普通员工只要赌1万元,这就是游戏化管理。

这个机制还有个好处,就是所有人都关心业绩,关注每周发布的营业额进展。他们会到生产线上跟车间主任沟通,你们能不能加加班,你看现在再做500万元我们大家就可以拿3倍的回报了,这时生产车间的人就会很拼。

表三 2015芬尼赌神PK大赛投资确认单

单位：元

密码	姓名	职员代码	队名	总额度	队长	西北区 额度	华东区 额度	华南区 额度	西南区 额度	海外泳池队 额度	海外采暖队 额度
1111	×××	××××		20000		3000	3000	3000	3000	4000	4000
序号											
1			金刚葫芦娃		向帅						
2			西北战狼		李元年						
3			外行者联盟		唐文晖						
4			东方不败		蔡汝克						
5			我要你"结果"		陈国华						
6			逆战		李珍珍						
7			九"羊"争金队		胡其锋						
8			西南王		陈雷						
9			八匹狼		许俊杰						
10			冬天的又一把火		李公平						

扫一扫，即参与现场微信投票

（密码见此表的左上角）

参赌规则：
1. 所有参投人员均可参与六个项目的投注。
2. 参投人员分别在各自的额度范围内投注，超过额度的投注无效。
3. 请认真选择你心目中的获胜队，投注错误额度按80%计算。
4. 每个大区只能投一个队。
5. 此次额度仅为参赛投注意向，正式投注额度有可能做出调整。
6. 白色栏为填写区域。
7. 此表作为投票凭证，微信及此确认单都要进行填写（数据1111保持一致）。

赌神 PK 大赛还有个硬性规定，每一个参赌团队中必须有一个年轻人，就是刚到公司的大学生，甚至是没有毕业的实习生。有两个目的：一是让新同学用最快的时间熟悉公司企业文化：芬尼打天下靠什么，裂变式创业的企业文化。芬尼的这种企业文化承担了这样一个角色，年轻人刚进入公司就投入这样的活动，和老员工共同日夜奋斗两周多的时间来准备，这样能够帮助他们更快地融入公司。二是链接招聘。芬尼的招聘都是我亲自去学校讲裂变创业，从招聘的源头来讲选的都是创业型人才。年轻人在进入公司之初就参加这么刺激的活动一定会发朋友圈，年轻人的同学还在学校，这样就在校园中传播开来，让招聘轻而易举。400 人参加的宣讲会可能收到 600 份简历，这就是校园招聘的结果。所以，芬尼做的每次活动都在招人、培养人。时时刻刻怀有这种心态的老板还愁招不到敢拼敢杀的猛将吗？

做草原狼的缔造者

打仗，光靠地广人多是没有用的，打仗的输赢，全看你是狼还是羊。据《狼图腾》里记载，草原上的狼战斗力为什么那样强？很重要的一条是头狼会干脆地杀掉重伤兵，这样一来就减轻了狼群的负担，保证了整个队伍的精干、快速有力。狼这么干，自然有它的道理，一是狼特别能生，一生就是十几条，成活率还特别高。二是狼是一年就成才。春天下的狼崽，第二年春天就是一条什么都会的大狼。因为兵源多，狼当然敢杀伤员，狼杀狼，就是强行加强报废，只把精兵强将留下。草原狼的锐气万年不减，道理就在这。

芬尼的做法跟狼群的管理如出一辙，首先是扩大招聘的基本面，广招兵源，然后进行一轮轮PK，层层筛选。最后选出的头狼是踩着无数的尸体登上的山顶，集饥饿感和威望共聚一身，这时的爆发力就是一呼百应。等十年过去，这匹头狼年迈体衰，用基本法使其强行"报废"，让能与时俱进的新狼王执掌大权。

新员工刚入公司后，就能跟老员工一同实战，不但加快了年轻人的成长速度，而且可以在运动战中持续地补充兵员。事实证明，狼群生物链式的组织进化是最高效的。芬尼这种顺应人性的做法也加快了组织的新陈代谢。

干掉你企业的小白兔

很多传统企业也懂得优胜劣汰的自然法则，但通常受两个因素制约：

第一，把人裁了就没人干了，没有足够的兵源补充。芬尼的生产人员和管理人员几乎是一半一半，企业一定要养人，为什么有的企业做不大，就是因为养的人才太少。只有储备人才，平常多实战、多历练，关键时候才能拿来就用。很多传统企业认为养人就是增加成本，那是因为没有添加淘汰机制。芬尼刚入职的年轻员工特别多，但流动性也大，因为在不断地淘汰和PK，但工作三年的员工几乎没有离职的。所以对于芬尼来说，人力资源的边际成本是递减的，因为基数越大，选出的头狼越优秀，未来创造的价值也就越大。如果这个问题想不明白，传统企业永远认为多招人就等于增加支出和成本，那么这样的企业永远都没有足够的人才储备，老员工有缺点但是不敢裁撤，等企业结构全部老化，离死也就不远了。

第二，不忍心裁掉不求上进的老员工。每一个企业老板都面对过这样的两难境地：老员工确实不适合现任岗位，但跟着自己出生入死过，在公司有地位、有威望，一旦裁撤，除了老板自己内心不忍外，更多的是害怕年轻员工背后说闲话，认为老板是一个忘恩负义、过河拆桥的人。我在湖畔大学学习的时候接触了一种"干掉小白兔的文化"。

什么叫作小白兔，小白兔就是那种能力不突出但是也不会惹麻烦，工作不是特别积极的员工，老板通常对待小白兔就像鸡肋，吃之无味，弃之可惜，心肠稍微一软就把小白兔留下了。但是一旦公司小白兔多了就会很麻烦，慢慢就变成了老白兔，一旦小白兔变成老白兔就会造成麻烦，因为老白兔更加难以辞掉，而且老白兔领导的部门就是一群兔子。所以，企业老板一旦发现新员工中有小白兔就应该立即干掉，千万别等，只有这样才不会有更多的人变成小白兔，这实际上是保护员工，时间一长就不忍心杀了。只要企业里没有小白兔，这样整个公司的文化氛围才是"纯种"的，你的队伍里只有战狼。

用钱买来的团队是靠不住的

什么都可能用钱买到,但一定买不到人心。

——宗毅

慎重使用空降兵

中国历史上有一个因背叛而出名的枭雄叫吴三桂。他一生背叛过两个皇帝,一个是明朝的崇祯皇帝,另一个是清朝的康熙皇帝。清朝能够顺利颠覆明朝跟吴三桂的叛变有直接关系,曾有历史学家做出假设,如果当时吴三桂没有引清兵入关,明朝会不会那么快地灭亡?很多人得出的答案是,如果吴三桂死守山海关,清朝很难在短时间消灭明朝。对清朝这么关键的一个人,清朝皇帝为了挖他也是煞费苦心。一是封王、封地、永不相负,承诺会永远养着吴三桂和他的云贵川属地。二是清朝皇帝与他结为异姓兄弟,皇室公主下嫁吴三桂的儿子。就是这样高价挖来的一个空降兵,一旦伤害他原有利益的分毫,他马上就再次叛变,所以当康熙准备撤藩时他立即就造反了。这就是空降兵的问题,有利益怎样都行,没利益跑得比谁都快,而且还反咬你一口。

芬尼不直接用空降兵做总经理，如果要挖人，首先要明确两个原则：一是要挖的人不是冲着钱来的，因为裂变创业可以有自我实现的机会，在老企业找不到出路所以选择跳槽。那么这样的空降兵到公司也和其他员工一样必须参与竞选。二是深度认同芬尼经营企业的价值观，这个人的主流价值观不能与芬尼的文化相背离。

为什么要让空降兵和普通员工一样参加竞选？因为要做到一视同仁。空降兵在企业可以担任职位，但是要做企业一把手，就必须参加PK，赢得选民的投资才算合格。这样做一是可以形成领导者真正的权威，最重要的是不能给自己的员工造成一种感觉：觉得老板始终认为外来的和尚会念经，永远都觉得自己没机会。

对于企业老板而言，直接使用空降兵是很危险的，因为你不了解他，他不一定能和你的团队相融合。还有，如果你诱惑空降兵跳槽的原因是因为钱就靠不住，但凡是用钱买来的团队都是靠不住的，你今天能满足他，未必明天还有能力满足他。最重要的是他的初心是因为钱，竞争对手如果出的价码更高，他随时都有可能从你这叛变。

如果深度思考大多数空降兵为什么靠不住，你会发现他们的内心有符合人性的逻辑。从物质层面说，是因为贪心而做出的选择，欲壑难填是其本性，对精神层面而言，空降兵永远要保持自己内心的独立性。他是跳槽过来的，所以他认为新老板对自己本身就存有芥蒂，因为大多喜欢独裁的传统企业家看重忠诚高于能力。所以他必须保持自己的独立性，不能被任何人掌控。无论老板怎么施以恩惠，也很难入他的心，稍微有点风吹草动，他就会左右徘徊。

老板尽量不要直接用空降兵，更不要花钱买队伍，人心是买不来的。

创建一个有信念的企业

对于企业组织，要让员工知道这是一份事业，不是一份工作，只有创造一种信念，让员工围绕着共同的信念紧紧地凝聚在一起，才能让团队无坚不摧。

一个有信念的企业要具备几个特点：

（1）共同的利益关系。企业必须打造内部的利益共同体，让员工彼此知道：他好我也好，成就他人的同时就是成就自己。芬尼用核心员工在各个公司交叉持股的方式打造了一个利益共同体，在物质基础层面上让大家的方向一致。

（2）超越小我的社会责任心。中国的应试教育是结果主义，让毕业的年轻人一切向钱看，追求金钱没有错，但如果一个人满脑子里都是钱就会出问题。我之所以现在愿意投身公益，因为我看到了让员工参与到公益中，可以校正员工的金钱观、是非观，净化心灵。一个只看钱的人是走不远的，一个只会赚钱的企业也是不能长久的，而企业能否具备宗教属性跟这个企业内部有多少人能够具备社会责任心、同理心有决定关系，组织的愿景决定了组织成长的高度。

（3）领袖的人格魅力。任何一个组织都需要领袖，如果没有一个核心人物，组织的凝聚力永远没有办法聚集。要树立领袖的人格魅力最好的方式就是以身作则，己所不欲勿施于人，这才有了总经理五年一任，最多连任两届的芬尼基本法。

另外，上台讲演很重要，只有这样大家才能知道你的思想，才能统一大家的行动，才能最低成本地感动你的客户。一个好的讲演，世界大战都是可以打起来的，希特勒就是这么鼓动理智的德国人民，丘吉尔也是这么号召英国民众奋起反抗的。所以，未来不会讲演的企业家是不称职的。

第四章
第四次裂变
——失控

好产品要从组织架构开始设计

从错综复杂中发现简洁,从不一致中发现和谐,困难中蕴藏着机会。

——爱因斯坦

组织存在决定业务模式

佛经里有一句话叫作"众生畏果,菩萨畏因"。在商业中,"因"就是组织,"果"就是产品。产品销路不畅,更多的时候是组织架构没有设计好,内部的利益分割不够清晰,因而就不可能生产出好的产品。所以聪明的创业者一定是先解决好人和组织的问题，只要人对了，后面的事都是事半功倍。

为什么要设立组织？组织的目的是要为了匹配客户需求，因为一种组织形态只能对应一种业务模式。例如你想做电商，就一定要使用年轻人，因为在网上购物超过95%的都是年轻人。

芬尼用创业大赛把一个年轻的总经理选拔出来去做互联网公司，这个总经理又组建了一个年轻的团队。面对全新的领域，这支年轻的团队设计了一个独特的O2O模式。

首先对产品本身进行了颠覆。常规的热水器只能出热水，而他们外加了一个功能——冷气。浴室一边可以用热水洗澡，厨房一边可以用冷气驱高温，尤其是夏天的厨房，冷气的功能解决了很多家庭主妇的痛点。冷气热水器的功能和概念给这个行业开创了另一个维度，在产品方面就做到了唯一。所以任何商业模式的成立必须有好的产品做基石，在互联网时代一切信息公开化，好事不出门坏事传千里，产品不好的商家是走不远的。

在商业模式上，也进行了创新。首先，做自己的电商平台——芬尼官网，芬尼的产品除了线下都是在官网成交的。与其他做O2O公司不同的是芬尼坚持交易独立，在淘宝、京东可以开店，但都是展示店，作为引流的作用，真正的客户成交主要通过自己的电商平台。

为什么芬尼坚持要这样做？第一，拒绝资金拖欠。压款的产品即使再好卖也是个烂生意，真正的好生意是先收钱，后交货。所以传统企业老板对线上第三方渠道平台的依赖不能过重，如果不能保持自身的独立性，早晚会被活活拖死。第二，增加自身的流量。如果长期依赖大型电商平台的流量，最后只有一点，你购买流量的成本越来越高，直到产品的毛利率被彻底消耗掉。这也是为什么很多开网店的并不赚钱，甚至赔钱赚吆喝。跟大佬对接，就是借势引流，但眼光始终要放长远，可以花钱买流量，但是不能长期被控制。

除了芬尼电商，芬尼还设立了线下体验店。实际上刚开始的商业模式是没有体验店的，就是一个垂直的O2O设计，线上成交，线下送货，但是新任总经理在实际操盘中发现，如果没有体验展示环节，消费者一般不太愿意购买很贵的产品。在调研中他们发现，淘宝的产品单价超过1000元销量就不会太高，京东超过5000元的产品就不会很好卖。而芬尼的冷气热水器平均价格是10000元，当用户要购买这么贵的产品时如果不到实体店亲眼看看他肯定不放心。

所以总经理就决定开设了4个直营店，接着又用直营店的利润开始做加盟。这个模式是传统和电商的结合，相比起纯互联网公司，这个模式有什么好处呢？

第一，收取加盟费及占用渠道的资金。在电商时代，大力铺设线下体验店貌似悖逆流行趋势。但传统企业转型互联网一定不要忘记商业的本质是什么，商业的本质是获取利润，以小搏大。芬尼吸引加盟商，加盟商要预付货款，到现在芬尼已经吸纳了800个加盟商，这就给芬尼带来超过1亿元的流动资金，而且每个店的压力并不算大，这笔资金是零成本的，可以作为资金杠杆去撬动其他收入。

第二，大量的线下门店，对销售的推动很大，资金周转频率加快。在公司财务学上有一条铁律：一个商品是否赚钱不仅仅是取决于利润率，更取决于资金的周转频率。

第三，因为线下的服务和体验做得很重，所以纯互联网公司无法颠覆。很多创业者都有一个误区，认为在互联网时代创业公司一定要做得越来越轻，当企业足够轻的时候就会面对一个问题，很容易被复制，同样很容易被互联网公司颠覆，因为太轻，所以没有门槛。O2O模式的公司线下的服务和体验一定要足够强势，这样纯互联网公司才很难逾越这个门槛。

一个非常传统的企业选拔出的创业团队，在设立商业模式的时候，无论再互联网化都会带有传统行业的影子，但恰恰是做实业扎实，严谨的精神加上互联网思维，就会做出一个务实、高效的商业模式。可以说只有传统的老板，没有传统的企业。

用数据细化管理

目前，芬尼线上和线下加盟店的成交量分别是一半一半。芬尼是如何运行这个模式的呢？首先，做网络推广，在百度知道、百科做关键词。在百度知道的问答里插入芬尼官网的链接，用户一打开就能看到一个很漂亮的网站。

当用户进入官网后，就有芬尼的客服对接沟通，在整个沟通过程中，客服会试探用户真实的购买意图，并索要用户的手机号。当这个用户把手机号给客服的时候，就说明他是真心想购买的用户，客服人员把拿到的手机号交给这个用户所在地区的加盟店，让加盟店跟用户进行线下对接，并力促成交。

这个方法的好处是可以用数据考核和细化管理，每个用户进入官网后都会留下访问量记录，一天的访问量有很清晰的数据，每个客服人员工作的目标是拿到用户的手机号，这时绩效考核就很容易把控，用留下手机号的用户数除以总访问量数就是客服团队的绩效比率。

当客服把用户的手机号交给线下加盟店，加盟店每天的成交量就可以计算出百分比，用实际成交量除以进店率。用数据管控，一是可以让每个环节责任分得很清楚，通常情况下加盟店生意不好就认为是客服推广不卖力，而客服认为是加盟店太笨，不能成交，有清晰的数据就可以区分责任，有针对性地强化管理；二是可以有清晰的数字提高客服和加盟店的绩效，传统企业做绩效考核往往因为数字不清，模棱两可估摸一个数就要求员工必须完成，而芬尼的方法可以让提高绩效有据可依。

不是所有访问官网的用户都愿意留下手机号，但是微信号、QQ号，如果用户对产品感兴趣，一般情况下都会给，尤其是男性用户。当有了微信号和QQ号，客服人员就和用户建立了私人链接，客服的微信和QQ都会用非常漂亮的照片做头像，只要几次沟通过后，成交的概率就会很大,这种私人沟通建立的情感往往超越用户对性价比的刚需。

这时对芬尼的员工就有巨大的好处。第一,客服的地位上升,每个公司的客服几乎都是最不被待见的部门,只有别的部门不想用的人才调到客服部,尤其是网络客服,连形象都没有要求。但是在芬尼,客服就是最好的销售,而且是没有颜值要求的销售。这时所有形象不占优势的员工都建立了自信,既能赚钱,又能通过网络获取自信,所以他们会拼了命地干。

第二,用微信等即时通信工具做客服和销售,可以一对多。以前是用电话跟用户沟通,一个客服对应一个用户。现在通过微信,一个客服可以同时和十个用户沟通,一个客服也很容易同时管理几千个用户。由于所有的售后疑难问题都是通过微信客服来和用户沟通,这样就形成了用户黏性,当用户有朋友需要购买类似产品的时候,自然很容易想起芬尼。这样客服就变成了销售,不但交易额增加,而且客服的提成也变多,是双赢的结果。

旧城慢慢改造,新城拔地而起

我在每次讲演后,都会有传统企业的老板提出这样一个问题:怎样改良老的企业?让老企业重新获得生机?而我的回答是难,因为它已经老了,所以就该死。我有时也会反问提问者,你见过有什么灵丹妙药能让垂死的老者死而复生?人老了,就得死,这是自然法则,没有人可以违背。裂变创业就像生孩子,如果我们希望每个人都活到100岁,那太难了,是极小概率事件,即使某些人能够做到,生命的质量也不能和年轻人相提并论,老的躯壳该死的时候就自然消亡。如果是采用生孩子的方式,平均三十年一代,只要经过三代,每个人的基因都可以传承一百年,这就是个大概率事件,而且生命的质量非常高。传统企业转型,一定是裂变出独立的组织,用新组织做新的事情。

为什么是独立组织?有两个原因:

第一,如果不裂变成独立组织,你会动了既得利益者的蛋糕,因为老企业已经形成了既定的利益格局,如果不分开,必然受到旧势力的阻碍,必然产生矛盾,往往新的部门没有带来收益,就忙于新旧势力的博弈造成了内耗。为什么传统企业组织转型那么难?就是因为难以平衡新旧势力的利益。一定是新企业做新的事情,老企业暂时维持不变,等新的企业有了成绩,让老企业羡慕,从外部推动老企业转型,最后形成内部竞争的格局。

第二,只有独立组织才有独立的人格,有些传统企业的老板为了节省人力,让一个人兼两个职位,这样好像节省了人力,但是推动战略转型就是硬伤。除了一个人的精力有限,分身乏术、不能聚焦外,最重要的是因为他在新的职位会想着自己原有的工作,通常情况下会保护原工作的利益,而对新工作懈怠。因为创新有风险,当他有退路的时候永远想着保护自己，怎样让自己的利益最大化。这也是为什么芬尼在裂变创业的设计中让总经理没有任何退路可以选，赢了总经理是最大的赢家，输了总经理倾家荡产，就是要让他全力投入。

克里斯坦森在《创新者的窘境》中论述，当企业寻求战略转型时必须设立独立机构。而在移动互联网时代，新机构的老大必须是年轻人。芬尼推行裂变式创业，在不伤害旧组织利益的前提下把大家全部绑定，启用新组织，新力量设计出了不同纬度的战略进入传统的热水行业，成功的背后是对组织关系的梳理。只要组织关系理顺了，员工全力以赴，把公司利益和个人利益绑死，不用担心没有好的商业模式。

共享经济中商业模式的创新

这是一个共享经济的时代，Uber 给了我们启示，我们努力复制这个划时代的伟大发明，只需共享，何须拥有。

——宗毅

共享经济切入 O2O 的痛

杰里米·里夫金在《零边际成本社会》中提到："这是物联网，合作共赢的经济时代。"书中大篇幅阐述一种基于共享经济的模型。他认为，"产消者"正在以近乎零成本的方式制作并分享自己的信息、娱乐、绿色能源和 3D 打印产品。他们也通过社交媒体、租赁商、合作组织以极低或零成本的模式分享汽车、住房、服装和其他物品；学生更多地参与到基于零成本模式的开放式网络课程。

杰里米·里夫金分析认为，使用权胜过了所有权，可持续性取代了消费主义，合作压倒了竞争，"交换价值"被"共享价值"取代。他甚至预言，"零成本"现象孕育着一种新的混合式经济模式，这将对社会产生深远的影响。零边际成本、协同共享将会给主导人类生产发展的经济模式带来颠覆性的转变，我们正在迈入一个超脱于市场的全新经济领域。

共享经济存在的基础是过剩和盈余，在物质短缺的时代不会诞生共享的基因。在中国已经出现大量的盈余，劳动力过剩、产能过剩、实体店面过剩，所以共享经济是大势所趋。我在思考芬尼的商业模式时发现了它与时代前行的悖论，O2O模式的底层逻辑与共享经济是相背离的。

常规的O2O是厂家在线上吸引用户流量和支付，用户在线下体验和消费，所以线下的店铺是难以去掉的一环。芬尼是如何做的呢？我们采取的是体验店加盟的方式，虽然带来了大量的现金流，但是不可避免地需要把产品的部分利润让给加盟商。这部分的利润约为30%，假如售价1万元的产品，厂家出货的价格7000元已经涵盖利润，剩下的渠道成本3000元实际上是由终端用户来承担，所以这个模式对用户来说不是最优化的。

除了用户需要多花钱之外，体验店对于厂家来说也是管理的负担。常规的体验店分布都是分区域的，厂家很难进行专业化的管理和培训，从而保持所有店铺整齐划一的标准化。不但在各个区域的分店铺难以招到优秀的专业人才，而且还要防止加盟店变相抬高产品价格。长此以往，线下的管理成本必然节节攀高。

对厂家来说，因为有线下的体验店，所以用户的反馈就会延迟和挥发，也许很多重要的产品改良建议就会被阻隔。厂家对产品的迭代和更新就会变慢，推出新品的周期变长，厂家与用户之间在最初线上交流时的信息对等，但在线下完成购买后与厂家重新变成信息不对等的关系。对于用户来说，不但购买了高价格的产品，而且很难与厂家进行二次互动，体验感必然会打折，长期下去，用户的黏性变弱，品牌会慢慢失去用户。

所以O2O与共享经济是价值点相悖的，最根本的原因是线下的体验店阻隔了用户群体之间的共享，让本来可以零成本的共享推广变成了一个个租金高昂的实体店铺。值得庆幸的是，在芬尼从事的行业中还没有人走入共享模式，所以芬尼可以安全地站在未来把今天的模式进行颠覆。

Uber 模式的复制

2015年3月，芬尼的裂变团队推出了中央供暖系统，为家庭采暖提供解决方案。团队果断地让新产品冠以"亲热"品牌，并且不使用芬尼的渠道进行推广和售卖，因为芬尼的线下有800个体验店，一旦进入便会走上O2O的老路，而新团队开辟的新模式要完全绕过体验店。

采暖系统的售价高于冷气热水器，如果冷气热水器需要让渡30%的利润给加盟商，那采暖的加盟商就需要抽取更高的利润，因为采暖系统的展示空间比冷气热水器要大很多，至少需要120平方米的展厅。而格力、美的等家电巨头早已在全国铺设了大量实体店铺，如果这个时候仍然采取体验店加盟的方式，在市场上不具备任何优势。但正因为巨头在线下投入了大量的资本，所以它们很难转变经营模式，这就给了芬尼机会。

因为产品的特殊性,展示依然需要,所以芬尼"亲热"团队设计了一个全新的模式:发展天使用户,让房子成为体验店,让用户成为粉丝+销售员。这个模式的逻辑是什么呢?如果用户买了一套新房,他本来也需要安装地暖和中央空调。如果买格力、美的,需要5万元,但是芬尼可以不到3万元就出售给用户,为什么呢?因为把渠道成本砍掉,厂家在没有损失的情况下,把渠道利润全部补贴给用户。所以用户的购买欲就会上升,在同样的产品质量下,用户会首先选择"亲热",第一批天使用户可以很快速地累积起来。

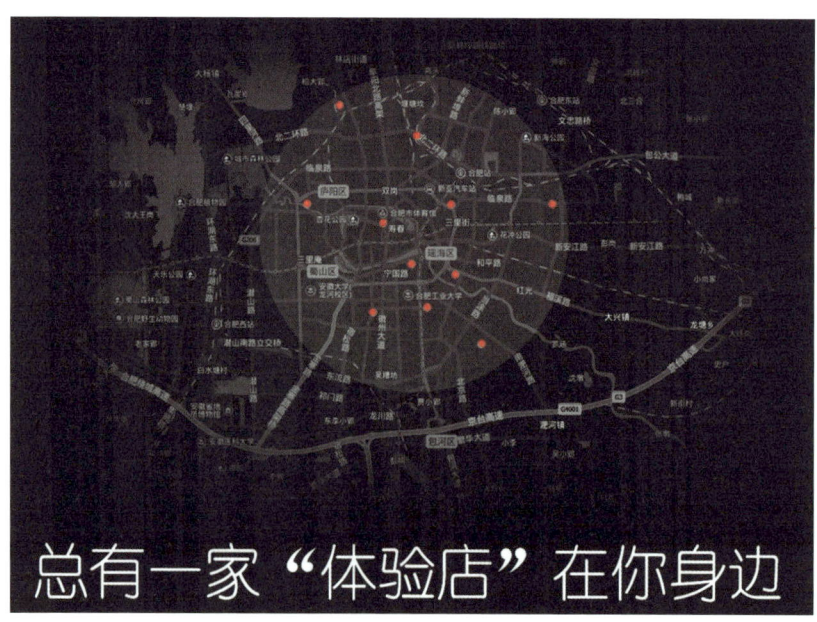

当在每个城市都有了一部分种子用户后,"亲热"推出的 APP 就会发挥作用,像 Uber 等打车软件一样,打开搜索导图,附近的"亲热"供暖使用家庭就会全部显示出来,你可以选择离你最近的进行联系,如果对方在线可以与你交互,预约参观供暖设施;如果对方不在线只能等待对方上线或选择距离稍远的进行对接。对于天使用户来说,跟专车司机没有任何区别,根据自己的具体情况可以抢单也可以不抢单。这个模式发展到最后,任何用户想要购买"亲热"的采暖设备,只要打开 APP,总有一家体验展示店在你身边。

共享模式的创新

芬尼能够让 Uber 模式在采暖产品中顺利实施依托于两个重要的逻辑:

第一,大量盈余带来的共享,采暖设备对于家庭来说是刚需,所以绝大部分的家庭都会购买,一旦产生一定的量级后,体验店的展示价值其实是弱化的。当你周围所有的邻居都买了同一种产品的时候,你不再需要去体验店看产品,体验店只会变成一个顾客咨询和讨价还价的场所,而在互联网世界,这些事情都可以在线上完成。所以芬尼需要的就是速度和规模,一旦每个城市都能大量覆盖"亲热"供暖设备的时候,体验店的价值就不大了,"亲热"甚至可以不赚钱来铺市场,因为足够轻,所以可以足够快。这个逻辑的本质是用时间换空间,是互联网的战略打法。最后"亲热"就会变成小米加 Uber,既有媒体属性和社交属性,又有电商属性和平台属性,而其他品牌的体验店就会成为巨大的成本负担，互联网颠覆传统的路径就是如此生成的。

第二，移动互联网改变了连接方式，让直销常态化，让同一维度的人可以彼此交互。例如 Uber 是移动的车与移动的人相连接，专车司机既可以成为消费者又可以成为售卖者，而平台的作用就是让同一纬度的人与人之间更容易找到资源匹配者。芬尼的逻辑是先让用户成为粉丝，再让粉丝成为销售员。

如果产品足够好，售价便宜，购买体验愉悦，让用户成为粉丝不难做到，但是让粉丝成为销售员就很难。因为粉丝的黏性很难做到让他自驱动地去售卖，除非涉及粉丝的根本利益，例如刚需。不然没有人愿意让陌生人经常来参观自己家的房子，因为这对任何人来说都是私人空间的侵犯。但是在 Airbnb 上的房子不但可以用来参观，而且可以出租，这就是刚需带来的价值。

所以，让用户成为销售员的逻辑本质是直销，让用户卖给用户，只不过通过"亲热"的移动平台可以更快地找到客户。这与传统直销最本质的区别是：同一纬度的平行售卖，不发展下线，每一个用户都可以成为一个中心节点辐射一定距离的有效半径。所以，"亲热"的模式是用移动互联网的思维整合传统的商业运行。

我们已经进入了一个共享经济的时代，数十亿人和数百万组织连接到物联网，从而使人类能以一种从前无法想象的方式，在全球协同共享中分享其经济生活。这个连通性转折点的重要意义甚至有可能超过 20 世纪电气化所带来的经济变革。如果任何传统的思维还让你在垄断和占有中迷茫，那么你将错失这个时代最大的红利。

企业"自我生长"的秘密

> 凡有的,还要给他更多,叫他丰足有余。
>
> ——《圣经》

未来的组织是"大后台、小前端"

古今中外,通过观测历史可以看出,组织变革效率最高的是军队,它是在真实变动环境下进行对抗性博弈。而管理学说大部分是基于假定稳定环境下的对抗博弈,所以将军总是最好的管理者,这也是为什么西点军校出来的CEO多过哈佛商学院的原因。军事组织的变革是商业组织变革的先导,从全球范围来观察,正规合法的军事组织正朝着"特种部队化"演变。

现在所有的国家都在增加特种部队,减少常规的部队。特种部队中又着重增加信息战部队和心理战部队。增加之后,它的成本和收益会发生什么变化呢?简单地说,就是"大后台、小前端":70%的钱用来找目标,30%的钱花在直接摧毁目标上。前端的组织变成全能的,后台变成系统的支持力量。以前,前线的步兵连长指挥不了,炮兵必须先要报告师部请求支援，师部下命令后炮兵才能开炮。所以传统作战主要的成本用在军火和阵亡者身上，轰炸目标的成功系数低，70%的成本被浪费，只有30%的钱对目标产生了效果。

现在特种部队强化了后台系统的支持力量，前端功能全面，特种战士一条信息，炮兵就开打。部队在哪，每个队员的位置，在总司令的指挥屏幕上显示得十分精确。特种作战一般是三人一个小组，三个人互相配合发现目标后使用卫星定位给后台发送信号，后台就会发射巡航导弹直接摧毁目标。特种作战的成本结构是：用于找目标的成本变大，直接消灭敌人的成本变小。

未来传统企业要想适应互联网生态的商业环境，也需要采取特种兵式的组织架构。这种架构能带给企业什么呢？

1. 多小组并行，不求最优化，但求多目标

近几年，美国硅谷流行起精益创业论。通俗来讲就是在复杂的商业环境里你最初设定的目标很难按既定的路径行走，所以就用小成本、低投入的方式推进，把整体目标切割成分阶段的小目标，把每个阶段的积累和反馈嵌入下一段路径中，最终到达的目的地可能不是你最初设定的目标，但是你已经成功地到达了远方。罗振宇有句话说得特别形象："未来不确定，所以只好脚踩西瓜皮，滑到哪里是哪里。"用中欧国际工商学院李善友教授的话说："把眼前事情做到极致，下一步美好自然就会呈现。"

传统企业老板可能很难接受这种"不可控论",但如果仔细体会一下当今的商业氛围,你能预测一下中国未来几年会发生什么吗?你觉得你的企业能跟上时代前行的车轮吗?可能很少有企业老板能够自信地给出确切答案。所以传统的线性因果逻辑失效,应该把体量分拆,把一个整体企业拆分成多个并行的项目小组。不求每个小组都是完美的配置,但是每个小组都要单点极致地聚焦,企业作为一个平台资源支持前端发力。

2. 组织扁平化

传统企业是多层级分化,自上而下的中央控制系统,就像传统部队作战一样,班长听排长,排长听连长,一级级上去。如果最低层级的人想要做个什么事,就要逐级汇报,等批示。在互联网时代,效率就是生命,信息就是金钱。因多层级带来的信息传输不通和执行力延迟往往会让企业错失机会,造成重大危机。所以特种部队的运作方式就打破了层级的连接,启用的是功能连接,功能连接就是扁平化的横向连接。没有了层级的约束,信息可以快速流动,资源合理配置。

3. 数据化管理,成本最优化

在战地现场,美国特种小组会先用红外线扫描仪寻觅,锁定目标。

假如有400人，他会计算出相应匹配炸弹的数量，这些炸弹所需的费用也同时计算出来，美国总部根据这些信息核算战争经费，然后一封电子邮件发给制导系统，几秒钟后，导弹就发射了。现代战争的成本是精确计算的，这能保证有效使用战争资源。

互联网在工具层面能够实现一切信息数据化。传统企业在供应链的交互，内部员工之间的交互，地理位置的交互等都可以转化为数据。传统企业老板要树立一个观念——"如果不能像互联网公司一样用数据赚钱，就用数据进行管理"，让企业支出的每一元钱都知道是怎样花出去的，PC机主导的互联网时代可能做不到，但是移动互联网的时代一定能做到。

分布式的组织逻辑

常规的公司形态是：中心控制，总部协调，内部互相依赖，缺点是总部的老化带来了集体的死亡，如图一所示。芬尼设计的组织形态是：分布式，无中心，自生长，内部市场化，特点是不会因为个体消亡而引起整个系统的瘫痪，如图二所示。

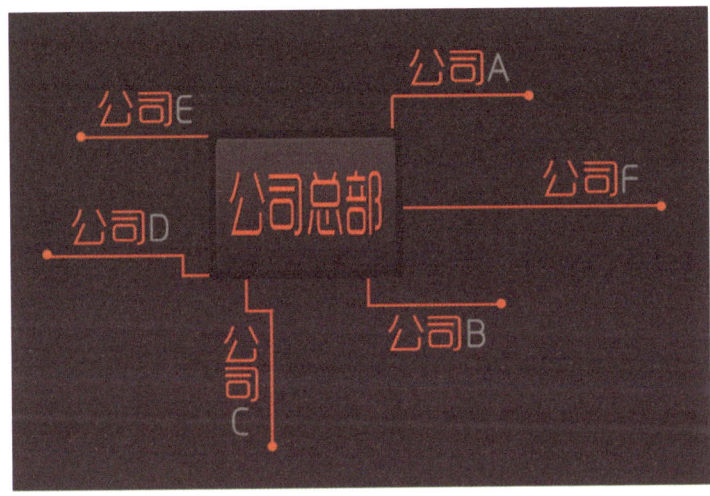

图一　常规公司总部与分公司的关系图

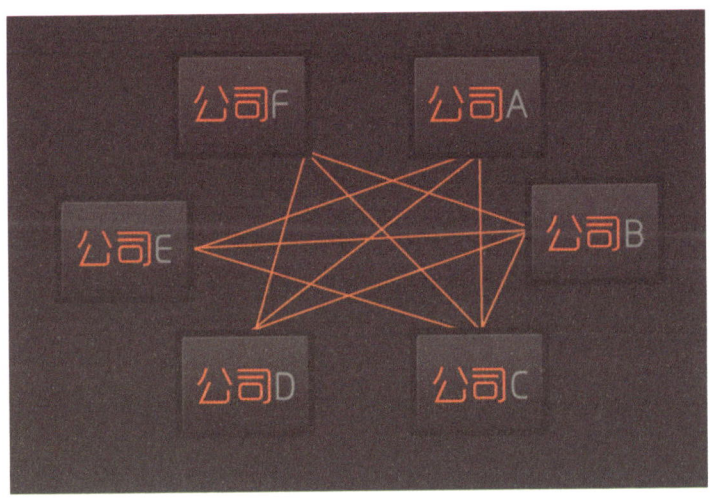

图二　芬尼总部与各分公司关系图

凯文·凯利在《失控》中阐述什么是分布式系统的时候，提出了三个突出的特点：

1. 没有强制性的中心控制

基于工业革命而诞生的传统组织，真正的财富都是通过把某种流程置于集中控制之下而获得的，规模越大，效率越高。传统企业老板认为，如果能够把自己产业中的每个关键环节和补充环节都控制在手里，就能挣到大量的财富。正因为如此，钢铁公司才要控制矿脉，采自己的煤，建自己的铁路，制造自己的设备，为自己的员工提供住房，并且力争在一个巨人般的公司内部达到某种自给自足。当世界低速运转的时候，这种方法确实有效。在网络化的时代，经济发展日新月异，拥有完整产业链已经变成了某种负担。当代，控制必须让位于速度和灵活性，那些自给自足的附加只能被外包所取代。

如果把一个任务拆分成若干块交给不同的公司来完成，若想保证质量的话，所需的交易成本要高于在一个公司内完成这项任务的成本。但是，扁平化的组织体系，移动互联网内信息的高速传输使得这些成本日益降低；单点聚焦可以让企业不需要再纠缠于那些现在已经不需要的工作，而且可以开始着手处理那些将来可能会需要的任务，而这些，是中心化的企业所缺乏的。

控制的未来是：伙伴关系，协同控制。这意味着，创造者必须和他的利益共同体一起共享控制权，而且要"同呼吸、共命运"。

2. 次级单位具有自治的特质

去中心化的组织结构里高层级的人想要起主导作用时，需要包容较低层级人员的行为，这种控制结构叫作包容架构。如果把国家看成一台机器，包容架构的逻辑是：先从乡镇开始，先解决乡镇的后勤，基本工作包括整修街道、铺设水电管道、制定法律。当有了一个运转良好的乡镇，就可以设立郡县。在保证乡镇正常运作的基础上，在郡县的范围内设立法院、监狱和学校，在乡镇的层级上增加了一层复杂度。

就算郡县的机构消失了，也不会影响乡镇的照常运转。郡县数量多了，就可以添加州的层级，州负责收税，同时允许郡县继续行使其绝大部分职权。没有州，郡县也能维持下去，虽然可能不再那么有效率或那么复杂。当州的数量多了，就可以添加联邦政府。

通过对州的行为做出限制并承载其层面之上的组织工作，联邦层级包容了州的一些活动，即使联邦政府消失了，千百个乡镇仍会继续做自己所在地区的工作——整修街道、铺设水电管道等。而当乡镇工作被州所包容，并最终被联邦所包容时，这些乡镇工作就会显示出更强大的效率。被这套包容架构所组织起来的乡镇不但能够建造楼房，还可以设立教育体系，并制定规则，而且会比原来更繁荣。美国的联邦结构就是一个大的包容架构，而包容架构最大的特性就是自系统要保持较高的自治权。芬尼就是依照美国联邦化的组织形态，整个企业的结构版图与联邦化如出一辙。

3. 模块化生长

裂变大赛就是精英竞技的平台，胜利者可以成立项目事业部，在芬尼平台进入孵化期。这时平台资源全部向新事业部倾斜，无论是技术还是人力资源，会成为一个强力的支持系统，让事业部聚焦于新产品开发。而事业部也采取单品策略，每一个裂变公司只做一个细分市场的产品，这样才能把一款产品做到极致，产品在最低成本的孵化平台上不断迭代，在与市场的交互中不断趋优。常规情况下，只要销售额突破2000万元就可以脱离孵化期，由事业部变成公司，彻底独立。

在芬尼的设计里，裂变公司与母体的关系是先依靠，后剥离，再独立。裂变公司每一款产品成功率高的原因就在于前期用最低成本来孵化产品，如果在孵化期内项目运转不成功，可以及时止损把损失降到最低。

什么叫剥离？这种独立不只是行政独立，而是物理空间的独立，办公室独立，最好不在同一场所办公。除了创业团队随着体量增大会与老公司争抢资源外，最主要的是创业团队的文化与旧体制文化会不相容，创业公司是饥渴的饿狼，干起活来不要命，而原有体制下的员工是朝九晚五，两拨人在一起只会产生攀比，因为创业团队可能辛苦很多但收入还低。同时，只有物理距离拉开，新的基因和文化才会形成。

一个平台型组织是依靠叠加而不是改变其基本结构而积累起来的。凯文·凯利说:"要先做简单的事;学会准确无误地做简单的事;在简单任务的成果之上添加新的活动层级;不要改变简单事物;让新层级像简单层级那样准确无误地工作;重复以上步骤,无限类推。"随着相互联系的网络编织得越来越紧密,再加织一片就更容易了。经济学原理叫"报酬递增法则",也叫滚雪球效应,今天的企业在做事情上千万不要怕小、千万不要求大。

组织为什么要失控？

物竞天择，适者生存。

——《物种起源》

自组织具备互联网基因

互联网时代创造了一个词汇叫自组织，它指的是一个平台组织里每个个体之间总是为了获得某种组织资源和组织认同而相互竞争又共存合作，竞争个体之间的合作是松散的。商业组织里最优化的自组织就是几个各自离散的个体，为了几乎各自独立的目的而结合的松散的联盟，胜者留存，败者随时间而消逝。中央不是垄断独裁，而是一个无情而冷酷的生态系统，在这里，竞争孕育出自发的合作。

芬尼设计的组织平台内部的每一家公司都是独立核算，内部之间公司与公司的业务往来也是经过对公账户。很多传统企业老板肯定对此很不解，明明都是自己持股的公司，为什么把流程设计得这么麻烦？这会多交多少税！平台组织就是一个生态系统，只有每一家公司的相对独立才能让企业内部之间保持良性竞争，只有自发的合作才是真正的自组织，市场化的组织形态先天带有互联网基因，如果怕多交税那就干脆不要裂变。

企业为什么一定要裂变？如果企业老板愿意操心，只想埋头经营一家公司可以不需要裂变。但是组织裂变可以让企业老板腾出时间和精力进行战略设计，企业也会迅速扩张。这也是为什么我每年只用1/3的时间管理公司，剩下的时间就是到处走走、环游世界，而很多个体老板只管一个公司每天却累得要死要活。凯文·凯利认为最大化扩张的属性是自组织与生俱来的，就如同热从温度较高的物体传到温度较低的物体。

让组织具备进化性

《失控》这本书里面论证了一个事实："要想得到具有生命力的组织，不是设法在组织内部建立复杂的构架，而是给一个简单的组织提供一个极其丰饶的变异环境。"

进化就是不断适应环境以满足自身的需求，进化能使我们超越自身的规划能力，但进化的代价就是——失控。进化并未完全超脱我们的控制，放弃某些控制只不过是为了更好地利用它。我们在工程中引以为傲的东西——精密性、可预测性、准确性以及正确性，都将为进化所淡化。因为真实的世界是一个千变万化的世界，生存在这个世界里，需要一点模糊、松弛、更多适应力和更少的精确度。

谁具有灵活的外在表现形式，谁就能获得回报——这正是进化的精髓所在。一副能适应环境的躯体，显然要比一副刻板僵硬的躯体更具优势。一个系统想要进化成某种新的东西，唯一的途径就是要有一个柔性结构。小蝌蚪可以变成青蛙，而一架喷气式飞机的机翼即使只增加50厘米的长度，就会变成废物。一个分散化的、冗余的组织能够在功能不受影响的前提下收放自如，因此能够适应。

当互联网企业家和传统企业家在组织"失控"还是"控制"这个问题上唇枪舌剑时，芬尼用组织裂变做出了最好的诠释。如果是中心化的单一组织，就要控制；如果是并行的平台组织，就用利益机制控制，管理上要失控。

在互联网时代，组织的创新力成为企业最核心的竞争力，如果不具备创新性，就会很容易被颠覆。创新不是设计出来的，是进化出来的，但是进化里包含反馈、竞争。所以，自组织就是失控，失控能带来创新，控制是不能带来创新的。

做平衡的破坏者

在生活中，保持平衡是一个非常好的词汇，但如果从物理学和哲学层面来考虑，就不是这样了。普里戈金说："不平衡是系统成长的必要条件。只有远离平衡，开放系统才能变化和成长。"

科学管理，追求的是"平衡，稳定，安全，有序"，如果组织中各个部门，每个人都平衡了，就意味着没有能量交替流动了，是死的。

玛格丽特·惠特利说:"对于组织来说,平衡不是令人满意的状态,可能恰恰相反。我的经验告诉我,追求组织平衡,必然是死路一条。"

什么叫非平衡?水的流动就是非平衡,水不流的时候就是平衡,而一旦平衡了,水将成为一潭死水。平衡意味着死亡,平衡是宇宙的终极状态,是死亡状态。

组织也要不平衡才可以生存。领导人不要做控制者,而要做平衡的破坏者。如果一个企业里没有了"鲶鱼效应",必定是濒临稳定、僵化的状态。企业的HR,以为给员工更多的薪水,提高员工的满意率必然产生更高的工作效率。但是,员工满意率绝对不等于产出率,如果员工全部满意了,当然平衡了,但局部的平衡反而带来了整体死亡的状态。斯坦福巴奈特教授提出"红色皇后理论",他认为竞争是最好的学习方式,一旦没有了竞争,组织内部和组织外部的学习必然停滞下来。

在组织引入少许的随机因素(例如"鲶鱼效应")反而能够在多变动态的外部环境里缔造出长久的稳定。没有干扰、反常的选择,就没有足够多的稳定周期来维持系统的发展,逐步升级的进化也就失去了机会。例如大草原上如果没有狼,羊群会不断病死一样。企业老板就要不断地打破规则,引入"鲶鱼",企业才会具有持久的活力。

组织"基地化"

基地化是用价值观、文化、情绪协调的自由分子运动,成本是分散承担的,收益是巨大的。

企业的终极目的是什么？相对传统的老板可能认为是基业长青，但如今，不存在基业长青的企业，这是一个不需要论证的事实。所以当今的企业家应该追求的是"无处不在"，让组织能够无边界地扩散和传承，也许有一天你不在了，但是你的商业精神随着时代不断进化，你的组织架构不断地扩充和渲染，它一定是基业长青，只是不归你所有，不受你所控。如果企业老板能深刻理解人生老病死的自然循环，就能舍得、放下、失控。中国人讲究中庸之道，重点不是要强调圆滑的为人处世，而是用通达的智慧和平和的心态观世界、看自己。芬尼因为一次高管离职，而进行了一场企业民主化的变革，通过组织裂变让自组织团队成为最具生命力的企业雏形。这是偶然引发的必然，也是用人性作为底层逻辑铺设的最有效力的组织变革通道。

在今天，企业也面临着选择，怎么样使组织变得更有效率？怎样把前台做精做专，把后台做大做成系统？其实传统企业最大的问题就是组织结构，要在不同的阶段用不同的组织形式。20年前，创业环境封闭，私人家族是最有效的组织方式，成本低，协调性好。但是在今天，开放、多元的创业环境下，合伙人制就变成了最优的组织方式，但是用什么样的机制来运行合伙人制考验的是企业家的智慧。我总是不断地提醒年轻创业者，在互联网时代一个人做生意是很难成功的。冯仑说，组织有时就像一件衣服，应当先做衣服后长肉，业务量和组织的大小要相应变化。传统企业一定要提前布局，让组织提前发展，甚至超越业务的发展。传统企业能否在这个时代存活、发展，最重要的是组织变革和公司肌体的保健。

突破企业边界

> 任何一个体系凡是自洽的,必是不完全的。
>
> ——哥德尔第一不完全性定理

企业为什么会有边界?

中华文明从属性上可以分为两大类,一类是游牧文明,一类是农耕文明。游牧是放养,农耕是圈养。所以草原上容易出现狼,能够圈养就是家畜,例如羊。草原上的民族是没有边界的,只要有草的地方就可以迁徙,遵循生物链的自然淘汰法则,适者生存。而圈养的家畜有边界,有固定的生长场所,不但便于饲养,而且容易控制。传统组织类似农耕文明下的圈养,互联网是流动的,虚拟世界是无边界的,互联网企业就像草原狼一样。所以传统企业与互联网企业竞争,就是羊遇到狼。

传统组织,为了安全和控制,外部设置界限,使资源封闭在企业内部;公司内部设有科层和分工,让专人干专事,便于内部管理;通过设置权力界限,形成管理层和非管理层的信息不对称。界限不只是区分彼此的不同,也是屏蔽沟通与交换的障碍。所以传统组织的边界意味着与流动隔绝,一个真正的封闭组织,是不会与外部元素产生流动和交互的,它所有的循环都是自洽的。哥德尔第一不完全性定理证明:任何一个体系凡是逻辑自洽的,必是不完全的,必定有一个大缺陷和漏洞。传统组织向互联网世界迁徙,首先要打破组织界限。

裂变式创业

疯狂的无边界

把年轻人变成企业的主人成为企业最大的挑战;把用户变成粉丝、把粉丝变成员工是老板努力的方向。今天我们的组织从老板独裁到海选,再到社会化,组织已经没有边界。传统企业必须重新思考组织的外延,如果不想被消灭的话,就主动去打开你的外延。我相信没有传统的企业,只有传统的老板。如果你的企业转型失败,就是你自己不行,转型先从老板自身开始。

芬尼的无边界组织是怎样做的呢?

职位无边界:平等与民主的滋生地

芬尼在公司内部组织过"扯淡大会",这是芬尼最高级别的战略会议，参与这个会的人员是具有创新能力和思维活跃的年轻员工和粉丝，而不是公司的领导层。这个会议有几个特点：讨论的议题分阶段、多批次。6个小时的时间讨论的议题超过20个。20件小事情集中在一个时间段打包讨论，然后落地执行，既实现了决策过程的扁平化，又可以集中执行和追踪，通过参与感派生了多维的组织人才。

怎样能够让公司的年轻员工无所顾忌、尽其全力地参与企业的成长？最重要的一条是：平等。这种平等不是职位的平等，而是意识的平等。组织内人的意识的不平等来源于两个方面：一个是职级更高的人处处明示暗示你站得比他低；二是处在低位的人永远没有出头之日。

在芬尼只要有才能的人，可以自己裂变创业当老板，今天低位明天可能就上位，所以没有谁瞧不起谁，只有担心自己能力不够帮不上别人，因为你为别人付出得越多，等他上位后也会用同样的资源和心力来回报你，正向精进和循环就是通过一报还一报产生的。

在一个开放的平台进行多维度的思考，分阶段决策多个小问题的时候，这本身就是一种路径优化。看似扯淡，轻松的背后是群体智慧的单点突破。而传统会议就会出现一个问题，决策后通常是大的波动或者转弯，所以步子一次性迈大了就容易收不住。

地域无边界：年轻员工会爱上公司

在 2015 年德国法兰克福 ISH（Installation、Sanitary、Heating）展会上，芬尼以强大的人员阵容亮相国际舞台，传统企业参加展会通常只会派极少量最核心的员工参加,因为担心员工会撬走客户自己外出开公司,而芬尼参加国际性展会单是员工参与就超过 20 人,加上粉丝能达到 45 人,这里面还有很多刚入职的新员工。员工只有参与到活动当中的时候才能得到真正的锻炼,整天待在公司接受培训是得不到提高的。

对于年轻员工的管理首先要让工作变得好玩,因为他们已经脱离了物质匮乏的时代,如果通过薪水来挟制年轻人,大多数人不会因为钱而就范,因为他们的父母可能比你还有钱。但是让他们在工作中玩起来就会不一样,一个刚入职不久的新员工就能跟着老板去国外参展,这在精神上是一个巨大的激励,当自拍照片分享到朋友圈,被身边的朋友看到时,更是优越感爆棚,年轻员工一定会爱上这家企业。

人员无边界:产生更多的粉丝

芬尼在公司内部举办的所有活动都是对外开放的,每一次活动都会吸引很多粉丝的参与,我不但跟粉丝成为朋友,而且增加了企业的曝光率。但凡跟我一起玩耍过的小伙伴都有难忘的经历,因为我自己就是一个资深玩家,每一次旅行都会选择不一样的线路。如果错过跟我的任何一次旅行就是永远错过,因为同样的地方我不会去两次。每次外出演讲我都不要报酬,粉丝如果去芬尼参加活动,我会安排特斯拉接送。我认为这一切都是对企业的宣传,只要选择开放,粉丝就会自动扩散,并产生更多的粉丝。

企业无边界：创办超级幼儿园

芬尼在 2015 年 5 月 8 日 PK 出第一任幼儿园园长，一家实体企业为什么要办幼儿园？而芬尼为什么又如此重视幼儿园？

（1）福利比收入更重要，芬尼要解决员工的后顾之忧。幼儿园对芬尼内部的员工价格很低，对外可就是市场高价格，而且芬尼会请最好的老师授课，我自己也设计了一套关于商业的课程对小朋友进行幼儿教育。对于外出务工的女性群体，最大的痛点莫过于让自己的孩子成为农村的留守儿童。因为农村的教育是传统和落后的，少儿教育养成的不良习惯会影响孩子一生。

芬尼在公司内部成立一个幼儿园，就设在公司的办公楼里面，家长不但可以随时照料自己的孩子，与时俱进的教育理念也成为孩子成长的保障，这是对员工最大的福利，并且员工在加班的时候不会有负担，如果按时下班，自己回家带孩子。在公司加班，老师帮你带孩子。

（2）社群时代，内容为王，提高芬尼的曝光量、美誉度。我曾经参观过一家校友企业，什么也没有记住，就记住了办公大楼楼顶的幼儿园。一家工业企业和一个非常精致的幼儿园放在一起，会形成强对比的反差，外部人员来参观，一定会非常惊诧，并且拍照留念，拍了照就会发朋友圈，最后幼儿园就会变成一个传播的故事。通过内容传播会增加芬尼的知名度，所以用实业来养一个幼儿园是超值的。再说，把芬尼幼儿园做成国内一流的幼儿园样板，受益最大的还是芬尼员工。

（3）芬尼选择做幼儿园还有一个很重要的原因是因为教育是全民族纠结的热点，一个好的幼儿园将广受社会关注，我们大部分人都是父母，或者走在正在成为父母的路上，因此幼儿教育是拥有最大的受众面并且足够痛的社会痛点。在芬尼幼儿园，我想亲自践行新的教育理念，并且自己授课，开设打架班和商业班等课程。

总体鸟瞰图

新的一年，芬尼超级幼儿园将招聘未来合伙人，我们希望更多有使命感的朋友加入我们，去做一些新的尝试和改变。

终将消失的组织

在今天动态的外部环境下，组织为了更有效地运营，就必须保持灵活性和非结构化。自组织系统采用过程型结构，它能够组织成任何一种形态。因此，越来越多的组织已经开始放弃对永久性组织结构的依赖，从刚性组织转向柔性组织。组织是为了生存，但生存不是为了组织。

向外扩展企业的内部网络，使其包含市场上所有与公司打交道的实体或个人，从而编织起一张巨大的网，把员工、供应商、媒体和用户等都囊括进来，使他们都成为集体性的一部分。

过去，个体对个体的直接交易成本太大，所以有了组织，巨大的交易成本使得企业在某些情况下与市场比较具备相对的经济优势，科层制式的组织机构图是最伟大的商业设计之一。但是，机构必须耗费资源以管理机构，企业的管理成本一旦超过它所能降低的交易成本——企业的扩大超过那个点，将会导致自身崩溃。经济学家科斯说道："如果市场这么美好，为什么我们还需要组织？为什么不能在市场中进行所有的价值交换？"移动互联网的今天，新技术、社会化媒体、大规模业余化使得群体的连接成本大幅下降。交易成本的巨幅下降，使得去组织化成为可能。一个开放的、多样性的、民主性的组织就是一个柔性组织，它能够最大化地适应复杂外部环境的不确定性。组织的目的不是为了存在，而是为了让"生命"更好地活着。

第二部分

无边界疯狂

第五章 疯狂的特斯拉——联手罗辑思维打通
中国第一条电动车南北充电之路

第六章 疯狂的布道——互联网大篷车

第五章

疯狂的特斯拉
——联手罗辑思维打通
中国第一条电动车南北充电之路

与特斯拉的浪漫邂逅

一见钟情

2013年1月我去硅谷第一次看到了特斯拉,虽然曾听说过这款车的理念是多么颠覆,但见到原车后还是被深深震撼了。特斯拉是一个长着四个轮子的移动终端,不但具备了电脑的实时更新功能,而且驾驶感极其优越,无延迟的提速感以及流线型设计,都让喜欢车的男人爱不释手，试驾后就想占为己有，而国内电动车销量差很重要的一个原因就是设计得太丑。所以看完车后我就毫不犹豫提交了购车申请。

六个月后，特斯拉总部给我发来了一封电子邮件，需要交购车定金4万美元。在与特斯拉销售人员沟通时，我得到的答复是没有具体的交车日期，没有售后服务，没有4S店维修，也没有购车总金额。听完后我一头雾水，反问道："你们什么都不知道，我为什么要交4万美元？"对方的回答是："如果不交4万美元，就不能成为中国第一批特斯拉车主，而第一批车主是特斯拉在全球范围内挑选出的最具创新和企业家精神的用户。"我听罢急忙把钱汇了过去。

什么是好的营销？不是满足用户所有的需求，而是给用户一个无法拒绝的理由，让用户有稀缺感并急于购买。乔布斯在做市场分析的时候非常反感去专卖店直接问用户你希望的产品是什么样的？因为这种调研的方式得到的答案是不准确的，用户为了得到完美的产品常常说出一些无关紧要的需求。但是打动人心的往往只是精准的一点，而不是尽善尽美。

我最初创业的时候心里有过一个简单的梦想——赚钱买一款自己喜欢的车。所以当我创业成功后每年都会买一款新车。陈可辛曾说过，男人的梦想最初都是从女人开始的。每一个颠覆时代的创业者不是生来就心怀伟大，而是从平凡、简单的梦开始的，在成长的路径中不断地承担更多的责任，直到有一天责任大到不再是为自己而活，这时伟大的精神就会涌现出来。所以再非凡的人开始的时候都是为自己，走到最后都是为别人。

一台超级电动跑车

汽车原来最核心的功能是把人和物体从 A 地运输到 B 地,但特斯拉甚至可以成为娱乐平台,并具有购物功能。汽车曾经很长时间被认为是信息孤岛,汽车和厂商、汽车和驾驶人、厂商和驾驶人之间,都是信息孤岛,而特斯拉重新定义了语境。它成功把汽车连入互联网,让汽车从功能车时代进入智能车时代。特斯拉最大的意义,就像 iPhone 时代的到来,它是一个新的品类,帮我们过渡到智能汽车时代。

特斯拉的智能化体现在:

(1)实时更新操作系统功能。

(2)实时监控行驶状态 + 云服务,它的很多服务会通过云的方式进行补丁,而不是实物方式的更换,当然,它也能实时监控驾驶人的行为。

(3)智能手机 APP 远程控制。

特斯拉给用户带来什么样的驾车体验呢?夏天的时候,车辆最大的痛点是热,但拥有特斯拉后,你可以提前通过 APP 调试到合适的温度,等你入车的时候,车内就是合适的温度。

特斯拉相比传统企业工业有以下突破:

1. 特斯拉的定位创新:单点突破

特斯拉直接聚焦极小众的高端跑车市场,在最高点建立品牌和声誉，然后开始向市场低端切入。任何潮流的引领都是在高端发起，在低端受力，就像很多女孩子关注戴安娜王妃喜欢穿什么颜色的衣服并进行模仿一样。

在硅谷，如果谁家里的车道上看到一辆环保车，也会看到一辆保时捷。对我们来说，这个事实很清楚，就是车主买环保车不是为了省钱，也不是为了省油，是为了给自己的低碳生活方式和绿色生活方式打一个标记和标签。与其对应的，中国买特斯拉的车主，一般不是第一辆车，而是第 N 辆车，中国的车主是试图给自己贴一个标签，这个标签让自己产生了一些差异，这些标签就是：创新、颠覆和与众不同。

2. 特斯拉的产品创新：单品极致

汽车行业，走了一百年的持续性技术，零件越来越多，成本结构越来越复杂，但是汽车带来的体验并没有什么实质性进展。在汽车过去一百多年的发展中，大量的资源投入到发动机和变速箱，但是大量研发资源投入的最终结果是什么呢？特斯拉在 100 公里提速是 4 秒以内，因为是电力驱动，所以加速的时候没有任何延迟，而这只是特斯拉的起点。

特斯拉不是在极度复杂的架构里面越走越远。它的架构极简：电机、电池、车位，电池在 700 公斤左右，车子的重心均匀分布，不像传统汽车前重后轻。车子前后加起来有两个车厢，我每次都把贵重物品放在前车盖内，因为按传统的惯性思维，小偷是从来不会偷"发动机"的。

3. 采用直销的商业模式

传统汽车营销渠道是通过 4S 店，或者是经销商。通用公司在顶峰时期，4S 店超过 4 万家，但 4S 店面临租金昂贵、库存多、广告成本高等综合因素。

在美国，经销商是在郊外，空间比较大，里面塞满了车。顾客走到店里之后非常担心这里的销售人员会向他狂热地推销车，其中还会遇到讨价还价的问题，也会担心销售人员不诚实，或者是在这个过程中间上当受骗，这是在经销商或者是在传统的营销模式里面非常普遍的情况。

特斯拉的渠道模式可以完全绕过这个模式，它的渠道包括两个部分:线下直营旗舰店和网上直销模式。和苹果的概念一样,用户可以到一个体验店去看去摸去感知,而这个体验店里面销售人员不会给用户推销某一款产品,而是让用户更好地体验这款产品,不会做任何的推销,用户可以在网络上下单,当车下单之后厂家会直接发车给用户。体验店的地点不是在常规的郊外,而是在高端购物中心,有很多人,整个环境也比较舒适。在体验店的内部,用户可以坐在里面感知整部车,在体验店里,用户如果对这个车感兴趣,可以回到网上预约来做一个试驾。

O2O 模式的底层逻辑

特斯拉为什么走 O2O 模式?芬尼设计的 2C 品牌也是典型的 O2O 模式。

关于体验的逻辑

传统体验店无法准确传达和体验产品的功能和魅力,这就是为什么乔布斯力排众议要开设自己的旗舰店。董事会问乔布斯:"手机已经有非常完善的分销渠道,为什么自己要做渠道呢?"乔布斯说:"如果我们要在传统的诺基亚手机渠道推广我们的手机,那些传统手机渠道的人根本就不懂我们的产品。"

《体验经济》一书说:"新时代用户对传统营销模式产生了免疫

力，有冲击力的营销模式必须基于交互式用户体验。"

关于公平的逻辑

在旗舰店这个模型里面，不存在提成，包括老板自己购买，也没有一分钱的差异。传统4S店销售人员靠提成得以存在，是因为价格不是最终透明的。

美国研究互联网普惠性的专家埃里克·布莱恩认为，互联网让企业更容易找到消费者，因为它消灭了信息的不对等性，让很多中介者开始消失，所以互联网最大的布施是让每一个层级的人都能够公平、有尊严地与商家面对面。

改变中国的能源结构

社会的进步是由不守规矩的人推动的,但并不是所有不守规矩的人都是推动者,有些人只是批判家,而推动者是行动派,只有建设性的思路才有推动力。

——萧伯纳

没有商业模式的死结

我交了4万美元后就进入了遥遥无期的等车日。刚开始特斯拉公司回复是6个月后交车,3个月过后改成8个月交车,最后等到第11个月首批特斯拉车才运抵中国。最让我愤懑不堪的是,第一批交车名单上竟然没有自己。特斯拉的解释是我的所在地是广州,而广州没有超级充电桩,所以无法提车,特斯拉宁愿车主现在骂他们不讲信用也不愿到时因为无法充电而引起无休止的纷争。我听罢也无可奈何,只能问道第二批车什么时候到中国?得到的官方回答是如果我的提车地点还是在广州,只能等到充电桩修好才能取车,除非把交车地点改为北京。

我只好把提车地点改在北京，本想找个卡车把车运回来，此时有位员工对我说："老大，你这么酷的人怎么能把车运回来，最起码也要开回来才符合你的身份。"我一想也是，开回来也不难，只要沿途给酒店点钱，帮着充电就可以。但对内容的敏感让我感觉应该把这件事做成一场事件营销，与其开回广州，不如修一条从广州到北京的南北充电之路。我把这个想法告诉罗振宇老师，没想到我们俩人一拍即合，联手策划了一条"包养"出来的充电之路的互联网实验。

2014年5月，我自驾特斯拉20天穿越5750公里行程，沿途布局16个城市据点，共捐建20个充电桩，从北京至广州的充电之路全线打通。究竟这场颠覆性实验是如何实现的，请上眼罗辑思维003号实验报告。

关键词：分散

一、实验名称：一路求"包养"的特斯拉震旅

二、实验人员

实验发起人：宗毅

实验员：252位参与小伙伴

三、实验目的

用去中心化的模式完成一场互联网试验，用分散的方式完成一场浩大的工程。

四、实验方法

通过罗辑思维社群，众筹一个遍布全国的充电网络，打通南北充电之路。

五、实验难点

1. 分散聚力：一直以来，基础建设都是国家的事，但因为汽车充电问题的特殊性，充电建设迟迟未动。宗毅想以个人名义，聚合分散在全国各地的社会力量，颠覆只有国家才会做基础建设的传统观念。但如何取得这么多小伙伴的信任是关键。

2. 失控风险：宗毅首先要从特斯拉中国总部提车，并提前购置好特斯拉标配充电桩。如何说服特斯拉官方破例给宗毅20个充电桩？基于特斯拉穿越5750公里的安全考虑，特斯拉中国会不会推迟宗毅的提车日程？宗毅自个儿撇开国家电网、急坏两桶油，这是不是以卵击石、螳臂当车？

3. 效益生态：如何让别人愿意给你腾出地方让你安装充电桩？又如何让别人承诺要给电动车后来者提供不掏钱的充电服务？如果没有实实在在的效益，只凭部分伙伴的热情，那这事就没法真正落实、复制。

4. 时间壁垒：捐赠给各站点的充电桩后期维护怎么搞？出故障了宗毅是不是要奔走南北当维修工？是否能说服特斯拉承诺给各站点搞好维护？是否能长期生效是实验是否有长期价值的硬指标。

5. 价值跃级：特斯拉充电桩与国内其他电动车标准不匹配，如果只能供特斯拉车主充电使用，基础建设的价值就大打折扣。怎样才能做到充电柱的更广泛利用？

六、实验结果

1. 5月25日，北京始发站798园区首邀30位社群小伙伴，和罗胖、宗毅一起在特斯拉上"搞搞震"。宗毅把特斯拉的第一次献给了罗友，结果活动当天罗友云集，试乘试驾者爆棚，6位特斯拉车主闻讯赶来助阵。

2. 5月27日，宗毅向社群小伙伴求包养，希望伙伴们提供场地，让宗毅一路种充电桩。告示一出，小伙伴们热情伸手，提供场地的信息纷至沓来。最终宗毅及其小伙伴们在海量信息中筛选出符合条件信息252条。

3. 从5月28日起宗毅自驾特斯拉从北京南返，因各地小伙伴们的热情喊话不断更改路线，原本计划3000公里的行程变成了5750公里，甚至不得不增设新的中转站点以满足小伙伴们的要求，或者在一个城市增设1到2个充电桩。

4. 和罗胖一块发起武汉华中科技大学4000人现场宣讲，宗毅第一次向这么多小伙伴们分享自己多年创业的干货。

5. 受此启发，特斯拉中国已正式启动"目的地充电桩"项目建设。

七、实验发现

1. 推荐和信任连接社群，个人力量崛起

宗毅的20天特斯拉南北震旅，在小伙伴们的一路"包养"下，逼格外露地回到广州。如果只是宗毅一个人一路找人种桩，那能种几个桩？5个？10个？借助社群的力量，发动小伙伴们一起参与到充电桩行动中，一群本来互不认识的小伙伴们彼此连接。在信任下，最终用分散的方式完成一场浩大的工程。

其中社群的价值被具体体现：

① 集结了相似的人，使信任程度提高，沟通成本降低；

② 社群经过多次各式去中心化玩法的磨炼，懂得"套路"，协同速度极快；

③ 价值观社群，大家更容易理解这个实验的内涵，有实验精神。

在过去，很难想象，基础建设这么一件需要国家来完成的事儿，今天也可以通过个人的自由联合来实现。互联网时代，个人的正面能量可以通过社群被不断放大。

2. 好的商业模式可以撬动公共事业

凭什么那么多酒店、饭店愿意提供A3纸大小的地方给宗毅充电用，还打包票说今后来充电的电动车不管是特斯拉、比亚迪或其他电动车，一律免费。宗毅给这些受捐者提前就算好一笔账：以特斯拉为例，特斯拉总共85kW，一般车友不可能跑到电池耗尽，我们按照平均50kW计算，每次的电费不过30~40元（按照0.6~0.8元/度电计算）。

目前的电动车友大部分相对高端，他们在酒店或者饭店的平均消费不会太低，如果酒店或饭店能够提供充电服务，而且是免费的，那客人一定更加愿意住在这里或者在这里就餐，充电服务变成了增值服务，电费相当于广告费，所以免费对业主一定是有利的。

由于特斯拉广受关注，酒店客人积极拍照转发朋友圈，形成了巨大的广告效应，所以酒店反而会把充电柱安排在正门最显眼的停车位上。

这实际上是站在捐赠者的收益立场，以此为支点，撬动公共事业往前翻滚，这雪球能不越滚越远，越滚越大么？

3. 借助互联网力量去中心化，重新定义未来

我们种特斯拉充电桩，是否一定要和国家电网一起玩？在传统思维里很难想象绕开国家电网去搞点电的事儿，而互联网力量确实做到了去中心化，凭个人力量成就免费充电网络。

未来最理想的充电模式将分三大格局：高速公路骨干网收费快速充电、专业停车场根据市场需求决定是否免费充电（可计入停车费）、酒店饭店等服务行业免费充电。作为消费者，你是愿意免费充电还是有偿充电？除了"电"急了，答案应该很明显了。实际上我们重新定义了这个行业的运作模式。

现在是将来的影子，我们要做的事是不断把影子放大，直到我们看清楚真实的将来。

特斯拉南北充电之路

电动车最大的购买壁垒是充电问题。在特斯拉之前，市面上有多款电动车，包括尼桑、福特、三菱等汽车厂商都早已生产电动车，它们在中国都面对一个共同的问题：路上缺少充电桩。特斯拉用了一年半的时间只在北京和上海各修了一个超级充电桩。为什么充电桩修不起来？因为政府和商家等着路上有足够多的车才会大量铺设充电桩，车主等着路上有足够的充电桩才买车。所以想要买车的人等着充电桩，修充电桩的人等着车，整个局面就僵持了。

一切源于思维方式的改变

通常情况下,传统修充电桩的方式是先买地或租地。因为要在车流量较大的地方建设超级充电站,500平方米需要花费约1000万元人民币。然后电力增容,需要约500万元人民币。还要请专人看护充电站和给车主充电,至少每个充电站需要花费1500万元人民币,这种按建设加油站的方式修超级充电站成本高昂,难以为继。这也是为什么政府很难大力推广的原因。

我的方式是怎么样的呢?利用酒店现成的停车场和酒店现成的电力,以及服务人员。免费赠给酒店家用充电桩,但要求酒店必须免费给车主充电。

这样做对酒店有什么好处？车主如果驾车外出特别是自驾游，如果知道哪家酒店有充电桩就会过去充电。一般常规充电时间在 10 小时左右，车主会在酒店开房住宿，如果车上坐的是四个人就会开两间房，因为充电桩大多修在四星级以上酒店，房间加上可能就餐的消费平均每人约 1000 元。特斯拉车主一般不会在电量全部用完的情况下才选择充电，电池的余量还剩一半的时候就会充电，因为夜晚的电费低，所以平均一辆车的充电费用是 30 元，这对酒店是大大的实惠。

我只是赠送给酒店一个充电桩，但如果两辆特斯拉来到这家酒店充电桩就不够用了，这时酒店就一定会自己掏钱购买充电桩。当其他酒店发现特斯拉车主总是去这家酒店时就会调查原因，如果知道是因为它有充电桩而自己没有，通常情况下是人家有 4 个桩，我就会买 8 个桩。最后的结果是所有的酒店都会自动安装充电桩，因为没有充电桩的酒店特斯拉车主就不会住，这个模式类似酒店 WiFi 的普及，商户的行为是自动自发的。这个模式对酒店、车主还有社会都有利。所以我的两次充电之路共修了 35 个充电桩，但 6 个月后有 700 个桩修了起来，都是服务行业自己建的，很多人还为一个充电桩的建设搞了盛大的新闻发布会，乘机为自己的项目做一下广告，我还被请去参加了好几次揭幕仪式，这就是商业模式的伟大。

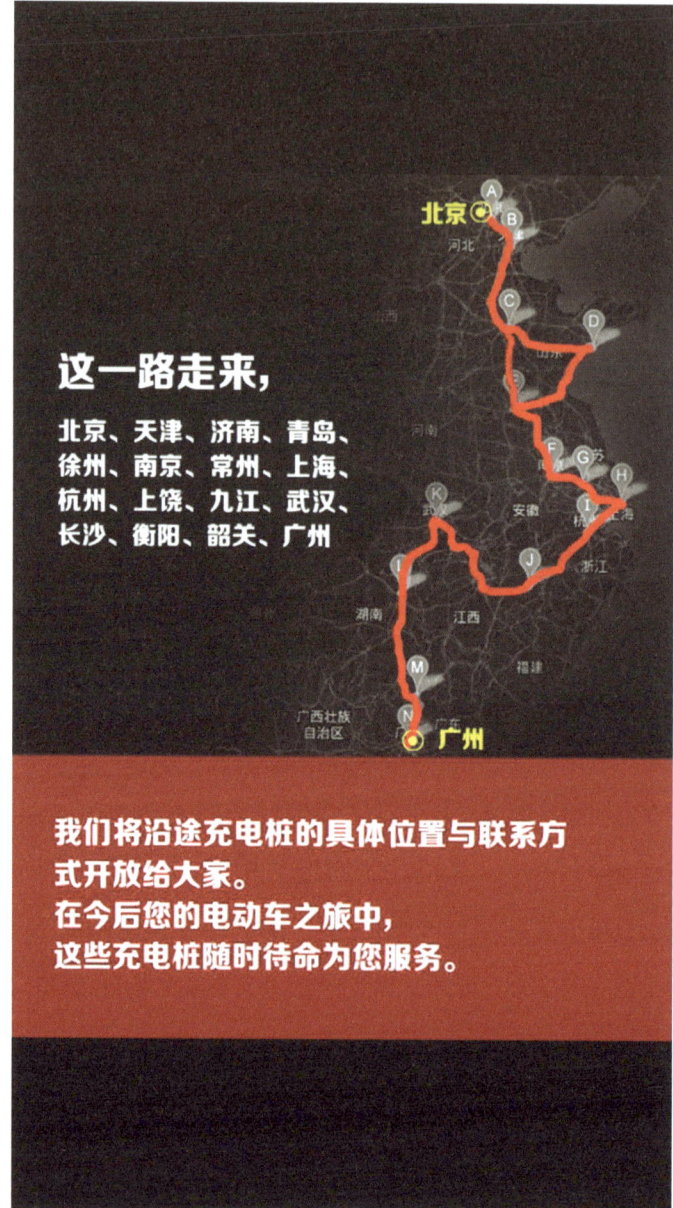

看似不可思议的背后是一个简单的商业逻辑,我认为这个世界之所以会变得文明就是因为商业的存在。如果没有商业文明就没有交换,没有交换人与人之间只能杀戮和抢劫,也就没有世间一切的物质基础。所以当记者采访我的时候问道:"这应该是政府做的事,为什么你要去做?"我的回答是:"因为政府暂时顾及不到,所以我才去做。"只有合理的商业模式存在,事物的发展才会长久。古语道:"无规矩不成方圆",所谓规矩就是商业规律,符合商业的逻辑就能长且久之,就是天道伦常。

中国充电桩覆盖版图应该走"农村包围城市"的路线。第一层应设在工厂,现成的电力最方便架设充电桩,实体企业将会是最先普及的区域;第二层是郊外的别墅区,同样很方便安装家用充电桩;最后才是城市里的物业。只有层层递进,才能让充电桩完全普及。

做推动时代的变革者

为什么我必须要求酒店充电免费?特斯拉是高端车主,本来没有必要免费,但我认为应该为当下社会做点事情,当老百姓都知道开电动车是免费充电的时候，对电动汽车这个行业是多大的鼓舞呢。如果这个事情没有人做，这个时代就会停在这里。我们已经饱受雾霾和环境污染的侵害，我自己也是一个哮喘病人，所以我毕生都在做和环保相关的产品。如果未来汽油车还是大行其道，整个中国将会面临巨大的环境危害。

作为特斯拉中国的种子用户，我渴望自己能发挥传播能量，帮助特斯拉在中国找到新的模式。在和官方没有任何联动的情况下，我的社群实验为特斯拉开拓了一个新的战略路线和关键的网络充电思路：由民间自下而上发起充电桩铺设。后来特斯拉发起了"目的地充电计划"，核心在于：在全国范围内寻找合作伙伴，然后帮助合作伙伴铺设充电桩。特斯拉的条件只有两个，而这两个也是脱胎于我之前的操作模式：提供充电桩铺设位、让用户免费充电。特斯拉中国的负责人后来对我说："本来我们在中国把门都关上了，是你为我们打开了一扇窗,让我们能够跳出去。"

萧伯纳曾说过:"社会的进步是由不守规矩的人推动的,但并不是所有不守规矩的人都是推动者,有些人只是批判家,而推动者是行动派,只有建设性的思路才有推动力。"我也许只是互联网时代的一个小人物,内心渴望做有风险、刺激的事,并且认为商业和欲望从来都不是一个贬义词,因为想要得到,所以使创造变成了可能。因此某种意义上我是一个唯心主义者。正是由于不安分的个性,让我觉得做太简单的事情没有趣味,我相信英雄的魅力不在于创造了伟大的结果,而是在时代的进步中稍稍地往前推了一下。

借助互联网的草根力量

> 历史就是这样创造的,就是千千万万个普通人,我不满意,我不想等待,我也不再推诿,我要站出来做一点什么,我要做的事情,就在此时,就在此刻,就在此地,就是此身。
>
> ——柴静

互联网社群的能量

我在开着特斯拉上路之前,给了自己一个准确的定位——一位喜欢电动车的草根,而不是一个崇洋媚外的土豪。我最终想推动的是整个电动车产业,并不是帮助特斯拉卖车。虽然在充电之路结束后几个月内,听到自己故事的人超过100位买了特斯拉。但我并不想给公众传递一个错觉,所以从广州出发时开了一辆国产比亚迪混合动力车,营造的故事氛围像是草根迎娶白富美。在这个时代做营销,起点要低,立意一定要高,这样的举动才会得到社会大众发自内心的尊重和传播。

　　我在向特斯拉公司购买充电桩时,最开始并没有说明其用途,只是编了一个简单的理由说要买一部分充电桩进行捐赠,之所以这么做:一是担心特斯拉会抢先一步,从而使整件事失去新闻点,或者是根本不给机会让我上路;二是我认为必须自己出钱购买充电桩做公益才够有格调。但当时我还不具备一定影响力能够让整件事情顺利进行并引起效应,所以找到罗辑思维的罗振宇老师合作,最后是我和罗振宇老师一起在北京798艺术工厂为南北充电之路做了开场。罗辑思维作为中国最大的互联网社群在活动当日不但引来很多罗粉,以及几乎所有拿到车的北京特斯拉车友助场,而且帮助我在社群内部扩散、吸纳和连接零散力量。

作为罗辑思维的铁杆粉丝,通过和罗振宇老师合作,我的首批粉丝是从罗辑思维迁徙到"宗毅大观"社群的。这符合罗振宇老师提出的U盘理论,好的自媒体就像U盘,插了一次就会自动吸粉。一个不具备传播力的个体要想进行社会化营销最有效的方式就是找有势能的社群合作。社群就像一个舞台,粉丝就是台底下围观的群众,社群能做的是大家肯花时间看你表演,只要舞台中央的人足够有吸引力,粉丝的力量就会如蚂蚁雄兵一般。正如柴静所说:"历史就是这样创造的,就是千千万万个普通人,我不满意,我不想等待,我也不再推诿,我要站出来做一点什么,我要做的事情,就在此时,就在此刻,就在此地,就是此身。"

焦点的背后

从北京到广州的路上,我共修起了 21 个充电站,途经 17 个县市,行驶 5750 公里,历经 29 个昼夜,举办了 6 场大型公益讲演。为什么要做讲演?因为我想呼吁全社会的力量加入到公益事业中。我不但要驾驶电动汽车穿越南北,还要用社群的方法打通中国第一条电动汽车充电之路,并把它拍成电影,因为我觉得这是一件很酷的事情。

刚开始也想让媒体帮助报道一下,但是无人问津,媒体担心我在路上走不下去,会是"雷声大、雨点小"。事实上很多企业行动确实容易半途而废,尤其是做如此有挑战性的一件事。但我认为,只要自己在参与就一定不会出现半途而废的情况,那些中途放弃的团队都是因为掌舵人不行,这其实就是真正创业者和普通人的区别,真正的创业者的乐趣就是做不太可能完成的任务。就像唐僧一样,只要有他在就一定会坚持,每次看似无望的时候他都会坚定地说:"向西!"

事实上媒体真正开始介入的时候是充电车队进入上海。先是国外的媒体《华尔街日报》《彭博商业周刊》开始报道,然后是国内的媒体中央电视台和《第一财经》。也由于这个事件,我也被美国《快公司》采访,由此被其评为中国最具创意100人,但获奖的原因是独特的"裂变式创业",因为《快公司》认为"裂变式创业"对中国企业界更有意义,芬尼同时被《快公司》评为 2014 中国创新 50 强,这时充电之路的曝光度到达了顶峰。

为什么我能够把一场公益上升到巨大的新闻事件?

首先,这件事情别人没有做过,我是打通南北充电之路的第一人。就像大家永远记得住世界第一高峰是珠穆朗玛峰,而世界第二高峰却很少人记得。

其次,社群的发酵。互联网社群的本质是连接,放大,再连接。互联网让我做成了一件以前想都不敢想的事情,并能够影响到其他人;把原先没能协同起来的资源整合起来,新的价值就产生了。"特斯拉中国"群里有一位车主比我早几天穿越中国,但是没有带来任何影响力,因为那是个人行为；而我通过社群的传播让零散的能量在同一件事情上聚焦，现在这件事已经影响了很多特斯拉车主，他们都在义务修建充电桩，在大家茶饭之余，充电桩迅速地遍布大江南北。

再次，每一个小人物的心中都会有理想，唯一的区别是想到就去做，还是只想想而没有做。用现有的物业架设充电桩的思路绝不会是我最先想到的，中国肯定有人比我更早想到这种模式，其实在路上我就遇到过好几个人都说他们也想到用这个方法普及充电桩，他们只是没有上路，我和他们唯一的区别就是行动了。所以想到什么不重要，做了什么才是最重要的，其实成功的路上并不拥挤，很多人都想到了，但是大部分的人知难而退，并没有上路。

最后，形成有争议的传播力。我每次讲演的时候都会强调，我不是卖特斯拉的，我也不是卖充电桩的，我只是个粉丝车主。一个制造业的老板能够去做一件跟本行业完全不相关的事情本身就存在着争议点和传播力。

企业家要学会社会化营销

特斯拉群里有人对我打通南北充电之路这件事情很不屑，认为这么做就是为了出名，给自己做广告。我是一个商人，给自己做广告是天经地义，我不但为自己做广告，也为电动车产业做了广告，对多方都有利的事情我为什么不干。有句俗语说："流氓不可怕，就怕流氓有文化，史诗般的宣传，但一定需要接地气的实施。"这句话是话糙理不糙，在互联网时代，"高大上"和"伟光正"的宣传已经不奏效了，新时代需要口碑相传的社会化营销。

1. 充分运用口碑

特斯拉和小米一样在传统媒体上的经费投入是0，没有做任何电视上的广告，也没有做任何平面媒体的广告，把传统的营销费用全部砍掉，没有任何关于传统广告渠道的挖掘。传播的关键点是靠口碑，尤其是早期采用者在社交网络上面的分享，利用口碑形成动力。我是特斯拉的种子用户，全球又有多少像我这样的人在为特斯拉做免费的宣传，《认知盈余》的作者克莱·舍基说过："如果你为人们喜欢的事情付费，那么人们喜欢它的程度就会下降。"其潜台词是说如果需要付费，说明人们还不够喜欢，只有大家足够热爱，才会形成口碑。当你或者你的作品深受粉丝的爱戴，奇迹就会产生。

2. 创始人的自媒体化

特斯拉的老板马斯克善于利用自身的经历讲故事。移动互联网时代，我们可以容忍某人犯错误，但我们不能容忍某人不真诚。创始人的自媒体化在于给用户提供真诚的温度感、真实的能量，即使展现的这一面不是百分之百的完美。马斯克出镜率非常高，谈他的过去，谈特斯拉的未来。张爱玲在《赤地之恋》的自序中说："我有时候告诉别人一个故事的轮廓，人家听不出好处来，我总是辩护似的加上一句：'这是真事。'仿佛就立刻使它身价十倍。其实一个故事的真假当然与它的好坏毫无关系。不过我确是爱好真实到了迷信的程度。我相信任何人的真实的经验永远是意味深长的，而且永远是新鲜的，永不会成为滥调。"

我在北京798艺术工厂宣布上路的时候,已经把自媒体"宗毅大观"嵌入了实时更新的功能。在充电之路的每一站,记录的每一个故事,拍摄的每一段精彩视频,甚至对接的每一种资源都是通过自媒体进行发布的。芬尼团队每天要做的就是从微信公众号里面申请安装充电桩的几百家酒店里筛选出最匹配本地的一家,这种实时的动态传播,不但具备真实性,而且使扩散的温度感更强。

3. 找到流量入口

移动互联网时代的标志之一是从以商品为中心到以用户为中心,用户成为最重要的资产和变现基础。从经营实物到经营用户,实物是手段,用户才是资产。如何获得有价值的用户和传播资源,最重要的就是找到流量的入口。打通南北充电之路这件事情本身是入口,我做对了两件事情。第一，通过社群传播。最开始的传播全部通过社群，罗辑思维、特斯拉中国等，是互联网社群的力量帮助我完成了充电之路并放大了整个事件。第二，连接到了关键的节点。当充电之路行进到武汉的时候，我与罗振宇老师一同在华中科技大学进行了一场4500人的大型讲演。带了40个面试官对一千多名递交简历的学子进行了考评，现场不但是一场公益宣讲会，而且是一场企业招聘会。如果不是罗振宇老师回到母校帮助芬尼站台，当时的效果不会这样盛大。

打通南北充电之路后，公益的感召力引来了无数传统企业家的围观，但真正吸引这些企业老板的是裂变式创业，所以我个人就变成了流量的入口，我做的每一件事都不断释放着新闻点。其实马云说过一句话特别形象："很多人对互联网都先是看不见、然后看不起、再者是看不懂、最后是来不及。"我利用互联网草根的力量让自己站到了舞台中央。

第六章

疯狂的布道

——互联网大篷车

互联网企业杀入传统的痛

我毁灭你，与你何干。

——《三体》

传统企业的痛

20世纪60年代出生的老板们老了，无论是在生理上还是在观念上，快速更迭的时代潮流逐渐将他们抛在了后面；70年代出生的老板们，如果依然停步不前，恐怕也很难跟上时代的步伐；80年代出生的老板们，正处在最好的事业年龄，却依然摆脱不了时刻被超越的危机感。现在几乎所有的传统企业都有非常严重的危机感，大家突然都找不到路标了。不知道在互联网时代如何转型？未来的路怎么走？利润好的企业发愁，利润不好的企业更发愁。企业最大的危机，不是当下的利润多寡，而是对未来能否清晰把握。

吴晓波说从2015年开始，中国制造业的产业经济将会出现三个显著的特点：

1. 成本优势丧失，倒逼强制性淘汰已经开始

中国制造业的成长基本依托在两个名词下，一个是成本，一个是规模。而今天出现了什么问题呢？成本优势不见了。中国制造成本优势依托于四个方面：土地和劳动力廉价，政府对税收的减免，商家勇敢地逃税，对环境保护不需要承担责任。因此，中国传统企业凭借成本性优势，可以做大规模。

但如今，中国的土地变得越来越贵，劳动力成本越来越高，地方政府给的税收优惠越来越少，偷漏税越来越困难，政府的监督意识越来越强。当成本优势丧失时，规模能不能给我们带来未来呢？当然不能，因为全中国几乎所有的商品都是同质化的过剩。

2. 中产阶级登场，力促消费升级

中国的中产阶级快速的崛起，但是大家都去国外购物。中产阶级是理性消费者的代名词，是性能偏爱者，愿意为好的商品买单。当中产阶级粉墨登场的时候，他们可以促进制造业升级，而制造业升级最

大的障碍是四个字"价廉物美"。

3. 互联网的猛烈冲击，使产业环境发生巨大变化

互联网是典型的破坏创新的模式，它其实没有改变传统模式的基因，BAT 没有改变任何人的基因，企业还那样生产房子，还是那样做衬衫，还是那样做餐饮还是那样拍电影，但是互联网企业把商品流程中的利益分配格局给改变了，所以其破坏了原来的游戏规则，建立了传统企业现在不熟悉的游戏规则。互联网对制造业带来很大的冲击，尤其是零售业确实要接受这次冲击，经过洗礼之后一些落后的制造业会被淘汰掉，它们被淘汰的原因就是没有跟上破坏性的冲击，从此以后新的品牌新的模式会诞生。

互联网到底改变了什么？

互联网对传统企业杀伤力最大的是对信息的改变。人类任何一次对信息转移和传播的变革都会使人类社会有着非常大的改变。

1. 互联网改变了信息不对称

传统企业的盈利模式依靠的是商家与用户之间的信息不对称。例如你的产品在制造环节生产成本是 A，在流通环节的成本是 B，通过广告催化，到消费者手里的价格是 C，消费者的认知价值是 D，所以消费者觉得买得特别值，商家也可以通过认知差价来赚钱。传统营销

大师菲利普·科特勒提出"顾客让渡价值"一词，他认为商家的利润取决于顾客让渡价值的大小，而顾客让渡价值指的是你的产品的售价和顾客感受到的实际价值的差额。这个差额越大意味着商家售价提升的空间越大，利润也就越高。

比价网站的出现让商家的利润空间趋零，点评网站的出现使用户对产品的体验会第一时间在互联网上分享，产品的功能性如果不能满足用户的刚需，一上线很快就会石沉大海。所以互联网是一个多维检验产品品质性的媒介。

2. 改变了信息的传播方式

过去是传统媒体垄断信息传播，商家必须依靠传统媒体投放广告，用户也是通过看电视广告获得商品信息。而现在年轻用户很少看电视，大部分接触信息都是在社交媒体，不再依赖于传统的媒体，所以传统广告失效。自媒体的崛起已经补充了或者是未来可能替代传统媒体。

3. 信息传播效率提高

互联网使得信息传播非常高效。过去信息的传播是自上而下的传播，从中央到地方，从主流媒体到边缘媒体，信息传递会有延迟。如今互联网使所有的信息传播非常快，普通老百姓抗议一下权威，出了什么事情，都会在互联网出现。托马斯·弗雷德曼提出世界是平的，他认为互联网已经把世界碾平，信息在互联网上可以高效快速无间隙地流动。也就是说,传统企业如果出现什么丑闻再想花钱搞搞媒体公关已经相当难,因为信息在第一时间会同时铺开,并且用户可以永久存储信息。

传统企业该如何守擂?

宗毅、余晨解读互联网时代

1. 传播要专注内容和产品

在互联网时代,传播通道的成本几乎为零,你的产品就会变成你的营销,好的产品自己会说话。能不能传播,占领别人的心智,感染别人的心灵,能不能像病毒一样,取决于你自己的深度。最伟大的企业可以去创造一个命门,定义某种新的种子、生活方式,改变别人的行为。所以,为什么苹果要把产品当作作品、当作艺术,就是为了打动别人的心灵。你在竞争的时候,要做唯一,而不是第一,第一只是量的区别,而唯一的话,就是唯一的玩家,竞争是无关紧要的。所以与其更好,不如不同。

2. 使用权比拥有权更重要

互联网的本质是连接。互联网改变了人与人、企业与企业的连接方式。过去传统企业遵循的是木桶理论，一个木桶能装多少水不取决于木桶最长的那块板，而取决于最短的板。所以传统企业老板总是盯着自己口袋里没什么，每天做的事就是拾遗补阙。在这个时代还在不断地强化自己的短板就是最笨的人。互联网企业遵循的是积木理论，不断强化自己的长板，让长板成为绝对优势，然后用自己的长板去和别人连接，填补自己短板的不足。所以积木理论就是优势互补，资源整合。

凯文·凯利提出，在未来使用权比拥有权更重要。与其占有不如使用，其本质就是要开放自己的资源与他人进行交换和连接。你比别人强大不在于你可以占有多少资源，而在于你能跟多少人交换资源。

3. 有中心才能去中心化

传统管理是中心化、等级化的管理，在通信不发达的时候，是非常有效的管理方式。而在互联网时代，人与人之间变得更平等，信息更对称。去中心化的前提是通讯成本基本降低为零，这个时候，去中心化就成为更有效的沟通方式。

互联网的去中心化、民主化、自下而上，其实不只是来源于互联网本身。它代表了人类内心深处，中央权威的没落和分布式的兴起，这是一个共同的趋势。我们不再相信一统天下的大组织，这个世界会越来越多元化、碎片化，每一个视角都有道理。所以，这是一个小人物的时代。

但是只有有了中心才能去中心，现在组织不管是家庭，还是军队，还是商业，不管这个时代怎么变化，只要人性没有变，就不能有违背人性的管理。当今领袖的作用比任何时候都更重要，这是一个崇尚英雄的时代，裂变创业追求选人要民主，但是一旦选定领导者，管理要相对独裁。领袖在互联网时代是一种可以让碎片化聚焦的吸引力。在自媒体时代，一个领袖就是一个符号，领袖依然重要，而且比任何时候都重要。

4. 先有组织后自组织

团队和分工比任何时候更重要。如果你不整合细分的分工，肯定会失败。通过互联网，通过社交媒体可以把全国，甚至全球各地连在一起。中国有一个词是群龙无首，它是一个卦象里面的很高境界，群龙无首就是到了一个非常牛的状态，群龙无首的前提是所有人都是龙。一个企业真的要搞群龙无首的自组织模式，需要有一个成熟的团队和一群成熟的人。群龙无首，大道无形，根本是龙。所以裂变创业的选拔是千里挑一，就是要找到"真龙天子"。

5. 任用年轻人成为唯一的选择

中国传统企业转型一定要启用年轻人，如果你的公司90后的人数低于70%，那说明你的公司是一个没有希望的公司。而且要求各企业老大必须是年轻人，年龄大的可以当二把手，但是不能当一把手。因为这个时代更迭太快，如果你的企业不是年轻人当家，一定跟不上这个时代的脚步。

还有一点是圈层经济的出现，85后和90后改变了中国的消费结构。他们的审美和价值观，再造了中国消费的布局。圈层经济的出现，是中产阶级消费的一个非常典型的特征，原来是大众消费，大众品牌，我做一个产品给所有人。未来你的产品传播半径和消费人群，可能就是某一个族群中带有某个审美偏好的一类人，你只为他们服务，为他们定价，和他们形成消费者互动关系，这是圈层化的特征。所以如果你的公司不是90后主导，你永远理解不了未来中国主流消费的生态圈。

制造业未来不再需要打价格战，未来真正好的产品，是基础与核心内容有差异性的商品，所以商品并不是走到了绝路，互联网并没有革制造业的命，革传统企业命的是什么呢？是我们过往的成功，面向新市场的不适应，实际上是我们很多观念的落后所带来的，我们没有勇敢地发现正在发生的事实，没有对正在发生的事实做出积极的应对所带来的。

所以传统企业的转型，是一次要素突变式的生态革命。每一个企业从生产线开始，到供应链，到管理，到消费者关系等各个要素都发生了突变，然后整个消费生态和竞争生态发生了变化，所以我们现在面临的是要素突变式的生态革命。

用互联网思维武装传统企业

不转型等死，转型找死。

——互联网培训"大师"

互联网化的三个层次

"互联网思维"这个词经常成为培训"大师"用来忽悠的一句标语。中欧的李善友教授说过一句尖锐的话："不谈产品和成本结构的互联网思维都是伪互联网思维。"对于传统企业而言，怎样才能适应互联网化？互联网化有三个层次：

第一个层次是工具层面：交互、渠道、媒体。社会化的工具进步大大降低了管理成本，很多大型企业在变革的时候出现了一个有趣的现象"消失的中层"。原来一个高管只能垂直管理 20 个人，通过互联网工具端可以管理超过 100 个人，交互的便利性和及时性让沟通成本大幅下降。传统企业认为渠道端的变革是简单地把业务从线下搬到线上，而互联网改变渠道最大的特点是：垂直社群将会替代单一的电商平台成为新网络经济的主流。自媒体塑造社群的黏性和温度感，产品是流量的入口，社群是粉丝经济的孵化器。

第二个层次是平台层面：去中心化的理念，吸纳整合零散能量，例如众筹。互联网的本质是连接，互联网思维就是基于连接和关系的思维。《大链接》里写道："社会网络中人与人之间的连接关系比个体更重要。正是这些连接关系让群体做到了这些松散的个人组合所做不到的事情。"

第三个层次是理念层面：去中心，民主化，分布式的理念应用于企业的生态建设。芬尼的裂变创业就是典型的无中心的平台布局。《复杂》里写道："网络思维将渗透到人类活动和人类思想的一切领域。"顶层权力的下放，企业民主化，底层思维在无形当中引导企业走向，这不是管理学说的倒退，而是网络时代的宿命。

新的网络经济遵循着三大规律：

第一，梅卡菲定律（价值等于成员数目的平方）的核心是连接价值——当你的网络是原来2倍大的时候，你的价值是原来的4倍大。传统生意，你越挣钱，你越值钱；而互联网时代，你可以一分钱都没有挣，但却很值钱，因为互联网讲究的是：越普及，越有规模，越值钱。易宝支付的余晨比喻传统行业如刀削面，砍一刀是一条面，是线性经济；网络经济如拉面，每拉一次，面条数量会倍增。当系数足够大时，极小的产品可以产生极大的势能。

第二，马太效应（正反馈）强调效益递增概念。富者更富，穷者更穷。"网络经济"最早由约翰·费劳尔于20世纪90年代中期提出的。网络经济是基于互联网而产生的一种以信息为基本对象，进行传播、储存、交互、交易的新型经济形态。在一定条件下，某种技术或产品的优势或劣势一旦出现并达到一定程度，就会导致不断地自行强化，强者越强，弱者越弱，也即赢家通吃。

第三，摩尔定律意味着指数级的爆炸增长。戈登·摩尔提出："当价格不变时，集成电路上可容纳的元器件的数目，约每隔 18 至 24 个月便会增加一倍，性能也将提升一倍。"每一家企业的产品在市场上都有临界点。如果市场份额低于临界点，那么始终都是亏损，如果市场份额突破临界点，公司盈利，产品的边际成本随即递减。在互联网时代，这种趋势更加明显。互联网企业在初创期拼命烧钱都是在烧临界点，一旦突破临界点，市场份额将会出现指数级的增长。

传统企业的生存方式

罗振宇老师说："当传统企业和互联网企业去竞争时，一般的人会认为自己原来的地盘被互联网的人给侵蚀掉了，地盘被抢走了。其实传统企业和互联网竞争的时候，并非原有的疆域在缩小，而是一夜之间整个大陆碎裂成了群岛。"传统的经营逻辑是先占有，然后封闭，最后垄断。而互联网是开放，无边界，去组织。所以传统企业与互联网企业是底层逻辑的博弈，当互联网把所有平淡无奇的点连成线和面时，实际上是把传统的组织形式切割了，资本和权力催生的架构被平行世界的信息对称冲垮。

互联网时代传统企业有两种生存方式：

第一种，做好当下，专注产品

相信做好当下，机会将会自然出现，传统企业老板必须扎扎实实聚焦产品。在商业的维度里，当 11 维空间降到 1 维空间时，最后唯一剩下的维度是产品，在中国制造业同质化的大潮中，谁能够做到与众不同，就是最后大浪淘沙中的幸存者。

日本的电子手表刚兴起的时候，把欧洲的机械表打得措手不及。石英表比机械表更精准，还不用天天拧发条，价格又便宜得多。后来瑞士人发现了手表行业的秘密：人们戴表不是为了知道几点，时间在过去是稀缺信息，而如今有太多知道时间的方式。Swatch 找到了当时手表行业的蓝海：让不戴表的女人戴表，让不戴首饰的男人戴首饰。当时的手表很少有差异化的设计，Swatch 在设计上、价格上苦下工夫，于是诞生了时装表。手表变成了身份的标价，屏蔽了与日本廉价电子表的竞争。

互联网时代最好的竞争是垄断，这种垄断不是大型国企对资源的垄断，而是基于能力的垄断。未来基于资源的垄断行不通了，没有创新能力，哪怕有资源也守不住。未来 5G 的大方向，电信的主干网还是做语音，因为其还是在做通信产业。现在语音通话在手机功能中的重要性越来越低，等到 5G 的时候，所有通信全部是基于互联网的，传输变成了广义的无所不在的 WiFi。你有什么已经不再重要，而是你是什么样的人，你拥有什么样的创造能力。

创新分持续性创新和颠覆式创新两种。持续性创新就是在原有性能上提高10%，例如黑白胶卷变成了彩色胶卷，黑白电视变成彩色电视。颠覆式创新也叫破坏性创新。这两者的区别在于在原有功能上升级换代，还是更换操作系统。苹果的智能机颠覆诺基亚的功能机就属于破坏性创新。在诺基亚破产当天，CEO对全体员工说："我们没有做错什么，但是我们输了！"。电影《剑雨》里有一句经典台词可以作为苹果公司准确的回应："你不是不行，你是没有。"所以企业对产品的创新力将会决定传统企业能够走多远。

第二种，跨界混搭

用互联网思维，做离互联网最远的事儿。虽然线上入口已被垄断，但线下入口大有可为。未来的趋势是移动互联网与传统制造业的结合进行整个产业的升级和迭代。用二流的互联网人才，从事传统的三流行业，做细分行业中的一流企业。中国传统企业普遍存在产能过剩和同质化的问题，未来从边缘袭来的跨界从业者将会以全新的形态替代现有的工业模式，而产品型社群将会是颠覆传统工业最重要的方式。

绣　娘

社群可使产品涅槃成为高维文明，产品是1，社群是0，社群可以给企业带来倍数。社群内的粉丝不在于多，在于质量，在于连接的强度。公司核心战略必须抢占第一节点，产品是节点，用户是连接。企业抢占了第一节点，就会产生快速的连接。乔布斯说："创新并不是创造全新的事物，而是把不同的事物关联起来。"未来产品的生存模式是要么便宜，要么方便，并且具有二次打击的能力。跨界和逆袭将会是产业升级的新特征。

如果你不去做一个新的蛋糕，只要是开始和别人切同一块蛋糕，就意味着血战的开始。一般人的创业初衷，都是在现有的蛋糕里切下一块，其实这非常累。今天的产品迭代很快，产品周期也非常短。现在没有电商，没有支付，没有即时通信，就意味着没有前途。如今，主动搜索的份额在下降，很多东西被垂直搜索所替代，越来越多的信息来源于社区搜索：各种群和朋友圈的分享。只有"对"的人聚在一起，才能获得"对"的信息。

未来互联网公司和传统企业之间的界限变得模糊，非常类似于大自然中的生态位。生态位是指每个个体或种群在群落中的时空位置及功能关系。狼跟人是最早的一对敌人，因为都是群居动物，一旦遇到食物危机的时候，就会成批死亡。而人类最早拥有的朋友也是"狼"——后来进化的狗。当时母狼怀孕的时候，因为身体不便，抢不到食物，就悄悄地跟着人，吃人吃剩下的骨头，骨髓的营养价值极高，优化了它的基因。这两者渐渐演变成不是当初的竞争关系，而是协同进化。人类开始利用这些没有危害性的狼来打猎，也就慢慢演变成了后来的狗。人和狼之间形成了一个生态位：狗，它既不跟人竞争，也不跟狼竞争。它们共同找到了生态中的蓝海。

产品型社群：芬尼粉丝走天下

只要拥有1000名铁杆粉丝，就能糊口。

——凯文·凯利

产品型社群的价值

农业时代最重要的组织是家庭，因为家庭是靠血缘连在一起的，所以我们是与家人分不开的有机体。工业时代最重要的基本组织是企业或者公司，人从有机体里分离出来，成为一个自由个体，自由个体组合起来成为公司。今天的组织方式是从公司变成了社群，每个个体成了信息载体，去中心化的信息载体互相连接就成为社群。在比特的世界，连接超越个体本身。

我认识到粉丝的重要性是从小米身上发现的，小米通过社会化营销的方式能够重构厂商和用户之间的关系，形成产品型社群。社群的组织方式是无边界的，社群不以个体属性而定义，而是以功能和情感的共鸣为基础由一群人自组织形成。社群内的员工、用户、媒体都不再是原有的身份，他们都变成了粉丝。粉丝是希望你变得更好，客户是希望你更便宜。所以凯文·凯利说，只要你拥有了1000个铁杆粉丝，就能糊口。

我一开始和所有传统企业老板一样，认为自己不能做粉丝。为此我专门去请教罗振宇老师应该如何做社群，但他的答案是，第一，你没有故事，所以不具备内容的传播性；第二，你的产品不好玩，没有人玩热水器，没有娱乐精神的产品在这个时代是不能博得粉丝喜爱的。罗振宇老师提出的这两个问题是所有制造业老板想要做粉丝社群的门槛——人和产品都不性感。

无论你的企业是卖什么样的产品，总会有一些忠诚的用户愿意重复购买和转介绍。我在芬尼后台的数据库中发现了有几十个用户经常在帮芬尼转介绍客户，所以就策划了一个活动——芬尼粉丝走天下。

传统企业组织活动通常把费用当成本,在食宿行各个环节上算计,力图省钱,所以娱乐的体验感就会差。我在策划这次活动的时候最初也怀有这样的心态,但是转念一想为什么不把回馈用户的体验旅行做成广告,因为出发点的不同,所以整个活动的方向就改变了。

首先,参与的人群变了,原来只是几个忠实的用户;现在是用户、经销商、员工、媒体、摄影师。其次,成本结构也变了,原来是省钱为主,体验为辅;现在只追求玩得精彩,成本可以忽略,因为花的每一分钱都是广告,都会为企业带来价值。最后,挑人的标准也变了,其中最重要的一条是必须喜欢发朋友圈和写微博。所以要想参加"芬尼粉丝走天下"的前提是必须先把微信写好。

我亲自带队,自驾穿越美国66号公路。七天的极致旅行,所有人都成了铁杆粉丝。这么做收获了什么?

芬尼粉丝走天下之66号公路

第一，参与的用户进行实时分享，因为内容很多很精彩，不是枯燥的广告，所以其他用户不会反感，反而异常羡慕。

第二，经销商和芬尼的关系更加紧密。原来经销商会选择芬尼的热水器机型进行销售，参与完活动后厂商发什么货经销商就卖什么货，没有任何怨言。最重要的是，当看到经销商分享的照片时，其他没有参与的经销商会好奇为什么别人能够参加而自己却没有资格？是不是自己卖得不够多？无形中让所有的渠道商有了自驱动力。

第三，员工能够跟老板出国玩，首先是可以激励所有的员工。最重要的是可以链接招聘，因为参与的人一定会发朋友圈，他们的同学和学弟学妹都能看得见。这么酷的事情一定会吸引年轻学子的关注。

第四，媒体的介入让整个报道有了可追踪性。往常，企业关照媒体就是请吃个饭，现在免费出国游一个星期，而且所见所闻都是素材，老板和媒体的关系得到了深化，媒体也会自动自发地传播。

第五，拍摄团队的参与可以记录整个流程。芬尼在以后的宣传中就有了内容。传统企业老板想要自我宣传的时候都是因为缺乏内容而有掣肘。"芬尼粉丝走天下"是我第一次开始积攒内容，从此以后我所有参与的活动都会带最好的拍摄人员，因为我认为所做的一切都是广告。

传统企业在社会化营销中应该秉持一个观点："要么不做，要么极致。"并且相信2B的企业是可以做粉丝的，而且价值更大。因为B端背后是企业，除了可以增加客户的黏性外，企业里所有的人都很容易变成粉丝。

芬尼产品转介绍率增高符合收益递增法则——拥有者，得之；给予者、分享者，得之；先到者，得之。在一个社群网络中，其价值增长的速度要超过其用户增加的速度。在非网络社群中，一个公司如果增加了10%的客户，那么它的收入也许会增加10%。但是对于一个社群化的公司来说，增加10%的客户可以为收入带来20%的增长，因为新、老粉丝的交流可以创造价值的指数级增长，而且企业成本近乎为零。

只有可分享的内容才能形成指数级的传播，用户只要走心了，口碑水到渠成。中欧国际工商学院教授李善友说过，粉不在多，而在于"铁"。粉丝总量没有价值，关键要看"铁度"。所谓忠诚度就是企业和顾客关系的纯度，这绝对不是靠金钱和利益就能买来的。

传统企业的社群化转型

制造型企业在互联网时代的生存方式——打造产品型社群。互联网时代的生存结构是：毛利率趋零，产品周期趋零，人员冗合度趋零。毛利率趋零，中间成本趋零，企业必须要有二次打击的盈利能力；产品周期趋零，产品功能成为标配，情感连接变成强需；人员冗合度趋零，每个人都是一个独立分工，个人异端化，组织社群化。

把产品和社群结合起来,就是产品型社群。它的运作方式是自组织,产品的自组织方式是精益创业。精益创业把持两个原则:第一,开始要极简。第二,一定要有反馈,然后根据反馈去获得认知,再走下一步。从产品着手,然后附以社群,用自组织的方式运转,是传统企业互联网化的有效出路。

传统企业把用户改变成粉丝、把粉丝改变成员工是努力的方向,而且连接方式的改变可能给社会带来福音,粉丝社群可以重建社会的信任。

虽然我们只是信息之海当中一座卑微的孤岛,但是这一次我们掌握了选择权,每个人可以是一座孤岛,也可以选择是一座桥。这个时代,最核心的行为就是把所有的东西都连接在一起。连接多少人没有用,关键是连接多少种人。

不需要隐瞒的私心

每个人都有私心，公心很少有人有，雷锋已经死了，如果每个人都能带着私心做公益，这个世界会变得非常美好。

——宗毅

带着私心做公益

什么才是好的公益？我认为，有自行发展壮大的商业模式，对受益人和发起人及所有的相关者都有好处，才是好公益。每个人都有私心，但是公心很少有人有，雷锋是特定时代的特定人物，这个时代的公益要想长久就必须设计一个商业模式，让各方都有收益，形成示范效应，带动他人跟进，带着私心的公益才是可持续的公益。

正是怀着这样的初心，我联合易宝支付的余晨在 2014 年 10 月发起了"互联网大篷车东南行"的活动。这个活动的使命是什么？

首先是为了改变中国的能源结构，推广全新的充电模式，建设充电桩众包给社会力量，还中国一片蓝天和白云。其次是讲述变革与未来，推动传统企业变革、记录时代大变迁。余晨讲硅谷创新，我讲裂变创业。一个讲宏观推演，一个讲如何落地实施。"互联网大篷车东南行"行程4700公里，路经13个城市，做了8场大型公益讲演。摄影队一路跟踪拍摄了这个时代传统企业的恐慌和急切求变的欲望。我们希望通过互联网大篷车的活动能够记录这段变革的历史，见证中国传统产业的整体迭代。

我一直讲自己是带着私心做公益,那我的私心是什么呢?

首先是培训员工。特斯拉东南行之所以冠以"大篷车"这三个字是因为组织无边界。参与者包括执行团队,芬尼的员工、粉丝、车友,还有每到一站的热心人。很多人中途上路,很多人来了又走了,还有很多人离开又回来了。只要你想参与,就可以跟着上路。当自己能满足他人需要时,这种感觉是幸福的。因为我的行为,很多人有了期待,愿意追随并坚持。很多人都难以忘记《阿甘正传》里面阿甘跑步穿越美国的场景,因为你的坚持感染了所有的人,大家会毫不怀疑地跟随。

当每一份小爱聚集起来的时候,就会生长为大爱。在大爱的氛围里,芬尼每一位参与的员工都发生了变化。他们第一次感受到不带着任何利益目的性去做一件事能够吸引这么巨大的正能量。他人的每一个羡慕而敬重的目光让这些年轻人忘记了苦和累,只是为自己能够承担一份公益而感到骄傲。因为对裂变创业是没有任何监管的，最终能否成功在于员工是否具有正向的价值观和使命感，当他们看到老板能够去做一件公益的事就能感受到芬尼与其他公司的不同，当员工们能够亲自参与到公益中并做成时，他们身心就有实践社会责任的渴望，因为这些是用钱买不来的。

整个活动的过程都在提升年轻人的策划和执行能力。参与活动的员工的个人能力、社会责任感和使命感都得到了大大的提升，当我在未来把经营企业的大任交到他们手上时，完全不用担心他们会去干坏事。而且一个企业能够去做大篷车这样的活动会让企业变得更好玩，可以吸引更多的年轻人加入芬尼。

我是怀着私心做公益，而不是用道德的感知去鼓励大家做公益。公益的目的不是捐助，而是参与。要让大家都参与只能是自发的，自驱动的。老子说的"非以其无私邪，故能成其私"也是这个道理。企业最好的公益就是做好我们的公司，如果每个老板能够经营好自己的企业，解决更多的就业，不拖欠员工的工资，透明交税，就是对社会最大的公益。

公益是精神的启迪，一个没有灵魂的人是不会参与到公益中的。自己参与，是精神的感知。把这种感知放大，就是精神的感召。如果能带来自我价值与社会价值的重叠，就会形成巨大的社会影响力。公益心、智慧、身体力行，这些标识汇集在一个人身上，就成为精神的力量。

企业宣传的吸引模式

我在创业之初也想跟当地政府关系走得近一些，但因为自身规模太小又不喜欢阿谀奉承，所以从来没有通过"官商关系"赚过钱。因为打通南北充电之路和互联网大篷车等公益活动，芬尼的企业形象在社会上变得很正面，企业的知名度和美誉度也提升了。这时企业宣传从推送模式变成了吸引模式，不但地方政府开始关注芬尼的发展，社会媒体也开始不断地挖掘芬尼背后的故事。

看似做了一件跟本业毫不相关的事情，却把流量的入口人格化，反过来推动了实业产品的知名度。2015年五一黄金周，芬尼的冷气热水器和2014年的销量相比增长一倍。很多成功的人刚开始做的时候别人看不懂，做成了说自己是运气好，其实侥幸都是讲给别人听的，自己的内心早已笃定它是符合逻辑并一定会成功的。

除了知名度，我把互联网大篷车的活动变成了招商和招聘的载体。每到一个城市，举办一场讲座，芬尼的执行团队都会提前在经销商和潜在经销商群体中预热。在现场有很多人听了我的讲演之后从自然人变成了芬尼的经销商，晚上的"经销商答谢宴会"成为一场和粉丝互动的见面会。有温度感，无距离感的交流，把所有的经销商变成了铁粉。讲演的地点一般都是当地的大学，提前一周的校园宣传让热爱创业和有公益精神的大学生簇拥而至，一场极具感染力的演说加上芬尼面试官的配套互动,现场很多学子都会递上简历和关注芬尼。这是一个创业者进行的公益,在这条布施的道路上,成就别人的同时,也成就了自我,这也是用最低成本来做企业知名度和美誉度的好方法,这和广告有本质的区别,打广告只能形成知名度,不能形成美誉度。

因为是怀有公益的出发点,大篷车在每一站都会引来无数人的支持和帮助。互联网大篷车最后变成了一个白吃、白喝、白玩团。很多当地的企业家和媒体人都想充当公益的一分子,所以舆论的沸腾和环保理念的升华在无形当中为我本人和大篷车带来大量的社会资源。这笔"财富"是我始料未及的,在社会价值和商业价值放大之处,也为我带来了一份感动。

永远坚持自我

2015年1月上映的《我要你开花》是我参演和参与众筹的首部电影。参与这部电影的理由很简单，我认为这是个人人皆英雄的时代，英雄都是有故事的，把自己的真实故事演绎出来，就是最好的电影。无故事不英雄，非英雄不电影。而且通过电影，我可以连接另外一个维度的圈层，在互联网时代，自媒体娱乐化可以带来流量的聚焦。比尔·盖茨录过一段搞笑的视频段子在网络上疯传，连世界首富都在迎合时代的传播特征，作为创业者的我们怎么我还端着，商业和知识应该让创业的人变得对环境和社会更加敏感，而不应该成为自我改变的束缚和枷锁。

除了培训员工和宣传企业外,我最大的私心是希望能够在老的时候很自豪地告诉自己的孙子,中国第一条充电之路是你爷爷打通的。只有极度自我的人才会有这样的想法,但是以自我为中心的人往往能够按自己的意愿去改变一切,因为大我都是从小我开始的,一个失去自我的人也失去了为他人创造价值的能力。

今天很多人都在谈梦想,梦想这个词太感性,太抽象,太过激情。你从我身上看不到梦想的影子,但我是一个有理想却不理想化的人。这是一个从小起点自我实现的动态,我自己就是一个"小人物",我有着自己的精彩和力量。而当我们周围出现了一批批这样的"小人物"时,他们连接起来就能改变这个世界,颠覆这个时代。这种自下而上的改造将会形成一个更加创新、更加自由、更加平等的生态社会。

后　记

站在时代的风口

这是一个最好的时代，在移动互联网的大背景下，这个时代成为创业最好的时代。第一，创业项目可选的方向前所未有的广，任何一个行业都可以和互联网结合在一起，只要利用互联网创新思维去改造某个传统行业，将这个行业里面的旧品牌颠覆掉，就有可能取得巨大成功。第二，融资在今天前所未有的容易。任何一个草根英雄，都有可能拿到原来不敢想象的估值。第三，退出也前所未有的容易，BAT等大型互联网企业都在积极地投资并购。国家号召大众创业、万众创新，上市的渠道充分开放，国家也鼓励资本结构的改变。第四，创业过程在加速。很多初创企业从创办到IPO仅仅需要3~5年，创业不再像以前一样苦。十年前创业需要一个好的产品，需要大量的广告，今天只要能讲一个好故事可能就够了，这是今天这个时代独有的优势。

但对于岌岌可危却浑然不知的传统企业主而言，这也是一个最坏的时代。因为他们不愿意改变，原来的成功资本在今天变成了负担，压垮他们的恰恰是过去的成功。《三体》中写道："无知和弱小不是生存的障碍，傲慢才是。"因为历史的传承和固有的思维习惯，所以只能让极少数的传统企业迁徙到互联网世界。

芬尼被罗振宇誉为这个时代转型互联网最成功的传统企业。因为适应新的游戏规则，我也成为移动互联网时代最大的受益者。2015年4月的第二个星期是我最忙碌的7天，7天6场讲演，演讲地包括中欧国际工商学院、美国康奈尔大学、美国斯坦福大学等。我从一个传统工厂老板转变为一个自媒体明星，而这一切都是免费的广告。

这个时代，人人都在喊风口。只要站在风口，猪都能飞上天。什么是真正的风口？首先，风口是一个小机会，不是一个大市场。耶稣跟众人讲：你们要进窄门不要进宽门，宽门里人多必自灭亡，窄门里人少必得永生。宽门意味着竞争，窄门意味着垄断。芬尼每一次的裂变创业都是选择一个细分市场切入。以芬尼的空气能冷气热水器为例，首先产品具备差异化，在常规的热水器上添加了冷气功能，在整个空气能热水器行业内独领风骚。当产品在市场进入增长期时，这时就需要一个杠杆撬动临界点，使产品进入指数级增长，就像小米利用微博迅速铺满市场。打通南北充电之路就是这个杠杆，这场别开生面的公益活动，建立了我的个人品牌，整个芬尼公司的知名度和美誉度也随之大大提升。

因为找到了撬动流量的杠杆，芬尼的产品销量直线上升。在打通南北充电之路后，芬尼迅速推出依托大数据平台的空气净化设备、净水设备和家用采暖设备，打造了一个全新的家居产业。产品型社群的壮大让芬尼在 2C 领域真正崛起，而裂变式创业也让芬尼成为一个社会化组织的创业孵化平台。因为传统，所以扎实；因为拥抱互联网，所以创新不断。我相信没有传统的企业，只有传统的人，想要站在风口，先要自我改变。

一旦决定要创业，是很难有回头路的。你经历的每一次危机都是确认你是否适合创业的契机。每一次危机都是创造奇迹的机会，能否利用好每一次危机，是创业能否成功的关键，直到后来，你可能会发现利用危机就变成一种习惯。

回想 1998 年，如果科龙不把我撤职，我今天应该是个资深工程师，也不会跟着私人老板经商。2002 年，如果我服务的私企不倒闭，估计我也不会创业，感谢私企培养了我的商业意识。2004 年，如果我没有被海外部经理欺骗，34 岁的我不可能学会英文，就不可能把热泵出口做得中国第一，同时，今天就不可能对着加州最牛逼的创业者用英文讲"裂变创业"的故事。同样是2004年,如果我的国内销售部经理不离职创业,就不会逼出"裂变创业"制度,而今天"裂变创业"成为芬尼的招牌广告。2009年,如果没有金融危机导致我们出口大滑坡,就不会转型互联网营销,就不会有芬尼的"人民币选举";那2012年我就不可能进中欧创业营,就不会有"芬尼基本法"(总经理5年一大选,最多连任一届),以至于"芬尼裂变创业"成为中欧商学院和湖畔大学案例。2013年,如果没有中欧创业营组织去硅谷,就没有后来的特斯拉穿越中国,打通南北充电之路……

我是个被危机驱动的人,每一次危机都让我受益匪浅,从来没有例外。幸运的是,我一直危机重重,我热爱危机。

我常常在思考,人生在世为了什么?是在无聊中稳稳当当地死去,还是去做一件很酷的事。

乔布斯有一句座右铭——"成为海盗比加入海军更好。"选择成为海盗,意味着脱离人们对可能性的概念,一小群人做一些伟大的事情,并在历史长河中被铭记。公司一旦海军化就没有海盗气质了,伟大公司的创始人都有些看似怪异的行为,他们往往具备了尼采的酒神精神:迷狂的,冲动的,摇滚的,没有一点酒神精神是没有创造力的。

2016年,我将代表中国参加全球电动汽车80天环绕地球的活动,这是一个民间环保组织发起的活动,我是唯一的中国队代表,不但参与穿越，还要负责整个车队在中国区的后勤。当阿基米德发现了杠杆原理后兴奋地说："给我一个支点，我将撬起整个地球。"我在创业的旅途中渐渐找到了这个支点，我相信精彩才刚刚开始……

▲ 宗毅和小泽